文字烛照未来
TopBook

朱鸿
长安文化
书系

长安与关中

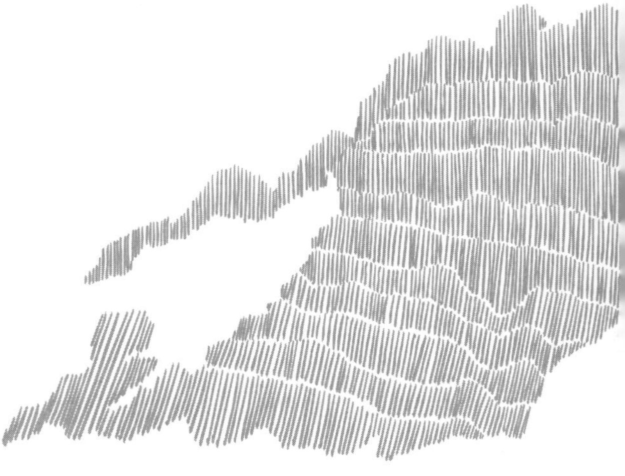

朱鸿——著

陕西新华出版传媒集团
陕西人民出版社

TopBook
饕书客

图书在版编目（CIP）数据

长安与关中 / 朱鸿著. — 西安 ：陕西人民出版社，2022. 8

ISBN 978-7-224-14473-4

Ⅰ. ①长… Ⅱ. ①朱… Ⅲ. ①关隘—研究—陕西 Ⅳ. ①K928. 77

中国版本图书馆 CIP 数据核字(2022)第 045308 号

出 品 人： 赵小峰
总 策 划： 刘景巍
出版统筹： 关 宁 韩 琳
策划编辑： 王 凌 王 倩
责任编辑： 晏 藜 张启阳
封面设计： 邵 婷

长安与关中

作　　者 朱 鸿
出版发行 陕西新华出版传媒集团 陕西人民出版社
（西安市北大街 147 号 邮编：710003）
印　　刷 陕西隆昌印刷有限公司
开　　本 950 毫米×1280 毫米 1/32
印　　张 6. 5 印张
字　　数 120 千字
版　　次 2022 年 8 月第 1 版
印　　次 2022 年 8 月第 1 次印刷
书　　号 ISBN 978-7-224-14473-4
定　　价 56. 80 元

朱　鸿

长安朱鸿，散文作家。30 余部散文集行世，具代表性的有思想求索类散文集《夹缝中的历史》、文化表现类散文集《长安是中国的心》、心灵倾诉类散文集《吾情若蓝》和长安叙述作品《朱鸿长安文化书系》。作品录用于中学语文教科书和高职语文教科书，见诸语文试卷，入选百余种散文版本。《西部心情》一书进入希望书库，是中国青少年素质发展论坛工作委员会推荐读物、中国青少年读写大赛指定读本；《夹缝中的历史》教辅版一书进入上海著名中学师生推荐书系——影响我高中时代的一本好书。获首届冰心散文奖、第二届老舍散文奖、首届陕西图书奖和陕西高等学校人文社会科学研究优秀成果奖。大型学术著作《中国散文通史》对其置有分论。中国民主促进会陕西省委员会副主委，陕西省作家协会副主席，陕西师范大学长安笔会中心主任、文学院教授。

通序

中国文化的本质是什么？它有什么特点？中国人是怎么形成的？中国人的心理和性格如何？

我，一个中国人，此刻想表达的意思就并未完全表达出来，仿佛一瓶水，本当让其尽流，意思才更清楚，更明白，但我却由于某种唯我知道的原因守口不言。为什么如此？还不仅如此，也许我有一个幽隐的精神之泉，是生要带来，死要带去的，并会谨防外泄。这个精神之泉，难免要泛起一些微波细澜，包括戒备、不安、盲从、猥琐、圆滑、虚荣、伪善、冷漠、苟活、自保、祭神欺神或脚踩两只船，为什么呢？当然日光也照我，月光也照我，我也有自己的璀璨。

长安是中国文化的一个标本，它蕴含着中国人的价值取向和审美意识。多年以来，我一直通过长安透视中国文化，以了解它的本质和特点。我以为长安文化是中国文化的象征，中国文化是居于长安文化之中的，长安文化绝非简单的地域文化。

长安在雍，当然属于中华，不过中华与夷狄同在。雍西面夷狄，雍北也面夷狄，夷狄到雍来吃一吃，喝一喝，是再平常不过的事了。周人与羌人虽然分属两个部落，不过彼此通婚，遂能合作克商。周人弃雍而去，无非是夷狄入侵，不可在雍行礼作乐了。周人吩咐秦人对付夷狄，也是因为秦人与夷狄长期共处，在形体上、习惯上，跟夷狄近似。以夷狄治夷狄，似乎是从周人开始的。崤山以东诸国之人皆骂秦人如虎狼，是指其野蛮，见利便不顾一切，甚至不顾亲戚，而夷狄之俗则正是如此。

汉人与匈奴人相争，不过彼此也和亲，凡此四百年左右。刘姓当是汉人，然而刘姓也有匈奴人。公元1世纪，匈奴人拆帐而去，鲜卑人遂自大兴安岭南迁大泽，占据了匈奴人的草原。留下的匈奴人与徙来的鲜卑人便连缀游牧，凡此四百年左右。至公元5世纪，鲜卑人再南迁，以洛阳为国都，自上而下，努力向汉人学习，计有两代，其加速了民族融合。隋人和唐人便是从民族融合之腹孕育而出的。

中国文化在这样一个过程演变和发展，从而生成了它的本质和特点。中国人创造了中国文化，中国文化也创造了中国人。

10世纪以前，长安为国都多矣！汉人在此即皇帝位，诏命天下，匈奴人、氐人、羌人和鲜卑人也曾经在此登基并班政。历史是宽容的，都给了他们以正统的地位。1703年，清圣祖玄烨巡狩陕西，遣官祭华岳，又遣官祭周文王和周武王，这当然有追求正统的意思。满族人发于长白山以北，康熙在北京即皇帝位，不过长安是圣地，到此拜一拜周才感到踏实吧！

唐太宗曾经说："自古皆贵中华，贱夷狄，朕独爱之如一。"长安自有胸怀和气魄，胜者便可做主。

这个角度也能反映中国文化，并为分析中国人的产生、中国人是怎样的心理和性格提供线索。

在宗教信仰方面，长安一直都是开放的。汉长安置有种种巫祠，以满足臣民的通灵需要。唐长安有道教、景教、祆教、摩尼教、伊斯兰教和佛教，不仅是臣民，即使是西域诸国之人，也可以从事他们高兴的精神活动。中国汉传佛教的宗派共有八家，唐长安独有六家，其祖庭赫赫在焉。实际上，氐人、羌人和鲜卑人在佛教的信仰上似乎更热情、更积极。唐长安的六个祖庭，也是从4世纪以来，经十六国、北朝及隋的积累，臻于唐长安的。

宗教信仰显然是中国文化的要义，它也深刻地影响了中国人。

不过汉字、汉语、汉医、天人合一之理念、阴阳五行之观点，尤其是儒家思想，此乃中国文化的主脉和主干，中国人之所以是中国人，这种文化的影响才是主要的。这种文化多由汉人创造，它对汉人的影响遂起决定性的作用。这种文化当然也影响了其他民族的人，那些在长安做皇帝的匈奴人、氐人、羌人和鲜卑人，无不任用汉人治理社会，他们也懂得并乐于享用汉人的文化。其他民族的人当然也把各自的文化一再向中国文化添加，而且它们苗自土出，充满了活力。

观察长安，并从长安文化可以发现，中国文化有时候在主动吸取，有时候在被动接受，其总的形态是丛生的、杂糅的、融合的，当然更是丰富的。中国人能创造这样的中国文化，也因为中国人并非单一的血缘，反之，中国人的基因应该是复叠的、混并的。虽然如此，他们都是中国人。也许中国人就是这样形成的，中国人的心理和性格也缘于斯。

中国文化源远流长，甚至无始无终、无穷无尽，且弥天漫地、无所不在，显示了自己的博大、柔韧和顽强，然而它也一直存在向心和离心的问题。分久必合，合久必分，也许根在这种文化。中央集权制度，似乎便是对这种文化的本能反应。散沙不凝，只能以器固之。不过只有始终向先进文化开放，吐故而纳新，才会保持中国文化的优势，并使中国人有尊严地行在世界上。

这是我在长安的所想。

2020 年 8 月 28 日，窄门堡

自序

论起长安，丢不下关中，论起关中，更抛不开长安。实际上长安与关中是一体的，其紧密程度若掌和手、珠和眼、心和身，彼此一方丧失，另一方也便顿然逊色、空虚，几乎没有特殊的历史意义了。

基于此，关中之关，也就是长安之关，指在关中四塞布兵守隘，无非是为了拱卫长安。

老上单于率骑破萧关，目标在乎长安，这是汉文帝也知道的，遂命汉将军屯驻长安附近，应该是霸上、棘门和细柳几处吧，并遣其他汉将军迎击匈奴。虽然惊险，长安无虞。东晋将军刘裕北伐，欲灭后秦，一路过武关、峣关，一路过潼关，砰然占领了长安。安禄山和史思明的叛军不得长安不算成功，遂用尽诡诈之术，以强卒先逾函谷关，再逾潼关，窃据长安，也重创了唐。四塞不在长安，但它们却以长安之重在发挥四塞的作用。

关中之关，也是文化通道。四海之俗，穿越关中之关而来，往往是输入长安，在长安交流融合，接着自长安辐射九州。

陇关和萧关面北，也面西，新石器时代至丝绸之路开辟以来，一直是文化输入的通道，其功大矣！凡小麦、苜蓿、葡萄、胡瓜、胡荽、胡麻、胡豆、胡椒、胡萝卜、石榴，多是从这里输入长安的。汉以蒙古马为兵，发现大宛马比蒙古马高大，跑得更快更远，汉武帝遂遣李广利征讨大宛，以得大宛马，或曰天马，也曰汗血马。大宛马与蒙古马杂交所得之马，体质更优，体形甚美。大象和狮子，也从这里输入。和田玉始终是宝，它也由此输入。

经函谷关和潼关而至的，当有铁、盐、漆、缯帛、阿缟和皮革，凡此以崤山以东所出为盛。

自散关而至的，当有锡、铅、铜、铁、盐、漆、牦牛、筇杖和橘。

过武关和峣关可以抵达东南一带的广阔领域，今之河南南阳和湖北襄阳以及江南和岭南诸地的所产，包括金、银、铜、锡、丹砂、漆、丝织、毛织、皮革、青茅、橘、柚，多由蓝武道而至，先过武关，再过峣关，随之到长安。

长安是天府之国，这里有什么土实可以交流呢？玉一类的球、琳、琅、玕，其他有檀、柘、竹、靴毡、草席、酸枣仁、地骨皮、樱桃、大麦、小麦，无不是上品。

至于精神文化，也是从关中之关输入或输出。在精神文化方面，以丝绸之路的传播似乎更为清楚。长安是首善之区，西域诸国乐意其精神文化在长安登场。传播的路线当是经河西走廊，再过陇关或萧关而输入。中国的精神文化往西域诸国去，也多是过陇关或萧关，再经河西走廊而输出。

精神文化的输入和输出，是非常复杂的问题，细考起来一定有趣，也很有意义。

目录

长安论

经年所考，终日思之，认同并确信，长安初为秦杜县之长安乡，然而我无法获悉是谁在什么时候呼一个乡曰长安的。

乡为行政区划，所从来尚矣。周人以五家为一比，五比为一闾，四闾为一族，五族为一党，五党为一州，五州为一乡，大约一乡是一万二千五百户吧！

以乡为机构，是周人的首创。秦人沿袭了这个建制，不过秦杜县之长安乡到底有多少户呢？

事情复杂，也许我需要寻找一条线索，抓住它求解才能厘清吧！

唐本在今之山西，汾河以东。唐人叛乱，周公便灭了唐。根据周成王的指示，迁唐人至今之陕西，应该是少陵原与沣河之间，立杜伯国，让其生活。

周幽王废了申后及太子姬宜臼，申侯震怒，召缯国和犬戎联合起来讨伐，周遂失了丰镐。缯国在东，犬戎在西，犬戎乘隙便占据了周人之地。

当是时也，秦襄公护送周平王往雒邑去，颇为顺利。周平王便封其为诸侯，赐周人之地，说：“戎无道，侵夺我岐、丰之地，秦能攻逐戎，即有其地。”秦人凶悍，打败犬戎，就兴奋地从西陲进入了关中。

杜人并不安于杜伯国，其见周平王移跸，遂立汤杜亳国，以示其继承商汤之意。亳是商汤的方畿，杜人是曾经追随商汤革命的。现在拉出商汤，只不过是要彰显自己的合理合法而已。秦人狠戾至极，管你攀附什么商汤，竟在公元前713年灭了汤杜亳国。到公元前687年，秦武公便在杜伯国的畛域设杜县。

秦终于产生了一个杜县，这使我的推究得以有迹可循。我想知道的是，设杜县的那年，杜县也就设了长安乡吗？没有任何资料，无法证明。

嬴成蟜是秦王嬴政之弟，封为长安君。公元前239年，他受命率军打赵国，败了，在今之山西屯留一带投降。

这个信息显示，起码在公元前3世纪便产生了长安乡。不过也有可能是公元前4世纪，甚至更远。如果设杜县之际，也一并设了长安乡，以祈和平永永，那么长安乡的出现当在公元前7世纪至公元前3世纪之间。

周王朝起于公元前11世纪，至公元前256年，周赧王郁愤而终，西周国也随之而亡，秦庄襄王又在公元前249年灭了东周国，于是八百年的九鼎就归秦所拥，继之天下统一。基于此，长安乡不也是孕育于周吗？

长安的历史固然绝早，这很重要，不过特别重要的是，春秋动荡，兼并战争爆发了，而且彼此的残杀越来越激烈。这时候，称一个聚落为长安，其意义大矣！

我难免会问，是谁在血腥的日子想到了长安？他是怎么样的人？这个人显然彻底隐遁了、消失了，遍觅历史，再也不见。然而长安一旦到世界上来，它便有如日月之恒。

反秦部队，项羽的一支是主力，刘邦的一支也是主力，不过项羽这一支势大，功也大。项羽烧了咸阳宫，杀了子婴，分享了胜利的硕果，凡参加反秦的都有收获。项羽毕竟年轻，遂也天真并幼稚，以为四海从此便安定了。

实际上并没有，因为刘邦的团队支持刘邦积极逐鹿，遂兴起了楚汉之争。打了几年，水落石出。项羽败于垓下，自刎于乌江，而刘邦则在山东定陶汜水之阳即皇帝位。

刘邦似乎还是喜欢关中的，虽然开始以洛阳做了国都，他也在这里的殿堂里表扬了张良、萧何和韩信，并流露出以洛阳久做国都的意思。不过我以为刘邦对关中还是喜欢的，唯群臣多在崤山以东，他们希望置国都于洛阳，因为洛阳距家近，刘邦也不宜拂逆他们的感情。

然而娄敬和张良指出，关中比洛阳更合适做国都，并劝刘邦移驾。娄敬和张良都是智者，刘邦微茫的心意，他们应该已经觉察了。娄敬和张良彼此呼应，刘邦高兴至极，又击掌，又拍腿，当日便奔关中。刘邦数行关中，河山何其壮丽，他知道，当然也喜欢。

公元前202年，刘邦设长安县。由长安乡而长安县，长安的空间骤然开阔，这显然是隐含着一种构思的。接下来，天下尽悉，刘邦宣布以长安为国都。

长安遂大放光芒，顿然璀璨。也许刘邦并不知道，以后的王朝将会一再以长安为国都，虽然长安也可能反复变迁。

长安乡在渭河以南，其左右基本上是隔水对着咸阳宫的。秦兴乐宫应该在此，那么汉长乐宫也应该在此，汉长安城也当在此了。

第一次以布衣之身面南而居，感受皇帝的高贵，是刘邦在汉长安城体验的，这也粉碎了血统与基因不可逾越的观点。陈胜说："王侯将相宁有种乎！"刘邦做到了，他是布衣的杰出代表。第一次把中原之国的疆域伸展到葱岭，是汉武帝在汉长安城指挥的。通西域，就是丝绸之路的开辟，所以长安是丝绸之路的起点。第一次有匈奴王表示，为免皇帝的臣民因战争而劳苦，愿保卫汉的边塞，这是呼韩邪单于在公元前33年至汉长安城对汉元帝的承诺。长安，强矣！

长安县隶京兆尹，这也将成为一个传统。谁以长安为国都，谁便会照旧用其框架。即使不以长安为国都，关中仍有长安县。也许会有调整，然而大体不变。

至德之人，也可能是一个至恶之人。我以为王莽就是这种人，颇为鄙厌。怀有当王之念并非罪过，他的问题是达到目的的方法和途径。

为了取得名誉、地位或利益，不惜折磨自己、玷污自己、糟蹋自己，这种人实际上始终存在，然而今多于古、文比于武，是十分的遗憾。他们猥琐、可怜、无趣，虽然也还是有知识的，不过他们的所为真的是破坏了秩序、堕落了精神。

王莽就是这种人，他给我留下的印象就是极孝、极恭，因为过分，遂为表演，凸显其虚假。他何等有权有势，而王莽妻子的衣服像女仆的衣服一样朴素。他儿子致奴死，王莽便命儿子自杀，以死抵死。他卑躬屈膝、含辛忍辱，终于窃得朝野声望，成为安汉公，从而要像周公辅佐周成王一样辅佐汉孺子刘婴。

他是外戚，王家兴盛数世，也能资尽其用。不过摄政还只算他途中的台阶，当皇帝才是其幽愿。通过一步一步的操作，争得了国玺，并将去汉号。

公元 9 年，王莽在未央宫即皇帝位，谓之新。改长安为常安，以常安为国都。置常安县，隶京兆尹。

改长安名，小计劣法而已。一切匆匆而过，至公元 23 年，王莽毙于渐台，长安得以恢复。

我偶尔会由王莽想到耶稣。在王莽图谋禅让的那些日子，耶稣及其门徒正积极传播福音。福音辐射的方向是，自耶路撒冷至罗马。偶尔我也会问，为什么没有到长安来？为什么 7 世纪才至长安？

公元 25 年，刘秀即皇帝位，都洛阳，谓之后汉。置长安县，隶京兆尹。

到公元 190 年，汉献帝至关中，以长安为国都。置长安县，隶京兆尹。

汉献帝时年九岁，是为董卓挟持至长安的。汉献帝在长安六年，甚短，也没有宁日。进入未央宫那天，大雨如注，白昼遂晦。干旱成灾，粮食歉收，谷价一斛竟五十万钱，长安人吃人，惨甚。公元 196 年，汉献帝又返中原，入驻洛阳。他仍无宁日，因为曹操要挟天子以令诸侯了。

公元 220 年，曹丕即皇帝位，国都洛阳，谓之魏。公元 221 年，刘备即皇帝位，国都成都，史称蜀汉。公元 229 年，孙权即皇帝位，国都建业，今之南京，谓之吴。三国时代降临了，曹魏治雍。置长安县，隶京兆郡——京兆国。

公元 265 年，司马炎即皇帝位，国都洛阳，史称西晋。置长安县，隶京兆郡。

西晋王朝，根底扭曲，又有宗室八王的混战，遂自公元 304 年以后，在北方和西部出现了跌宕起伏的割据政权，谓之十六国。

此间，应该是公元 311 年，匈奴人刘聪率汉国军陷洛阳，俘晋怀帝，掳至平阳，谓之永嘉之乱。公元 313 年，刘聪以毒致受尽凌辱的晋怀帝死。西晋急衰，不过还会残喘。

公元 313 年，司马邺即皇帝位，以长安为国都。

不顺，又是冰雹，又是地震，更有匈奴人刘曜对长安的反复进攻。至公元 316 年，刘曜阻断了长安的内外联系，晋愍帝十六岁，只能携大臣困守长安。米一斗，金二两，太贵，太饥，不得不人吃人。晋愍帝无可奈何，遂向刘曜投降，西晋亡。

公元 317 年，司马睿即皇帝位，国都建康，在今南京，史称东晋。

一旦晋的政治、经济和文化中心移至南方，游牧民族就加紧了在北方的相争。匈奴、鲜卑、羯、氐、羌，无不想入主于中原，勃然而兴，忽焉而灭。长安仍在关中，便多有向往。

公元 318 年，匈奴人刘曜在赤壁即皇帝位，公元 319 年至关中，以长安为国都，史称前赵。置长安县，隶京兆郡。

先是匈奴人刘渊立汉国，刘曜算是刘渊事业的累积和提升。刘曜由刘渊养大，还有感情，遂追尊其为上帝。

刘曜勇武，不过他也好读书，能做文章。他属于汉化了的匈奴人，当皇帝以后，营兴世殿于前，紫光殿于后，并在长乐宫以东立太学，在未央宫以西立小学，显然是希望鸿祚深远。

羯人石勒从前赵分裂出来，有志于北方。公元 328 年，自称赵王，旋即皇帝位，国都襄国，又迁邺城，史称后赵。

前赵与后赵交战，以决存亡。洛阳之攻防，甚是激烈。刘曜失马，为石勒部属所擒。公元 329 年，刘曜的儿子刘熙弃长安而逃上邽，今之甘肃天水，石勒杀刘曜，前赵亡。

公元351年，氐人苻健自称天王，大单于。公元352年，即皇帝位，以长安为国都，谓之前秦。置长安县，隶京兆尹。

前秦计有六主，苻坚颇为杰出，在位共二十九年。虽然是氐人，其汉化深厚，尤重儒学；礼神祇，课农桑，建学校，并给鳏寡孤独老幼以一定的福利；一再亲临太学，呈教育之美；宽待匈奴人、鲜卑人及羌人，并徙关东豪杰十万户至关中。一度关陇清晏，百姓安乐，自长安至诸州，路旁风吹槐或柳。

苻坚的战略失误是固执己见，他欲灭东晋，自以为有劲卒百万，水陆并进，必将赢之。结果淝水之战，一败涂地。此役以后，变乱纷出，苻坚竟为羌人姚苌所缢。承他之主，章法皆乱，不可延续。公元394年，前秦亡。

姚苌本是苻坚的将军，不过他篡逆了前秦。如此动作，酷似石勒。

公元384年，羌人姚苌自称大将军，大单于。公元386年，即皇帝位，改长安为常安，以常安为国都，史称后秦。置常安县，隶京兆郡。

改长安名，小技劣法而已，要固也难。

其子姚兴接班以后，在治理上似乎还努力了一番。他先后徙阴密三万户、河西豪右一万余户和汉中流民三千余户至关中，以图社会的振兴。他在长安招选一万儒生，展现了一种汉化的方向。他更为特别的一举是，从武威迎来了鸠摩罗什，并使五千沙门自远而至。

姚兴死，其子姚泓接班，东晋太尉刘裕率军北伐，从潼关进入关中，攻占了长安。公元417年，后秦亡。

鲜卑人初居大兴安岭北段嘎仙洞一带，公元1世纪，匈奴溃，其趁机南迁大泽，大约是今之内蒙古呼伦湖一带。多年以后，鲜卑人拓跋部再南迁，至今之内蒙古和林格尔一带。拓跋珪终于出现，公元386年，其在牛川，今之内蒙古锡拉木林河一带受到诸部支持成为代王，猝改魏王，国都盛乐，史称北魏。置长安县，隶京兆郡。

不过鲜卑人知道这只是过渡，遂一定会再南迁，以做中原之主。

公元398年，鲜卑人拓跋珪即皇帝位，国都平城。

公元409年，拓跋珪之子拓跋嗣继立，为明元帝。公元424年，其子拓跋焘继立，为太武帝。此间，北魏部队攻克大夏统万城，重挫柔然，灭北燕，灭北凉。

经南安王、文成帝和献文帝，至孝文帝，公元494年，再南迁，直入中原，国都洛阳。

孝文帝推动改革，除掉了鲜卑人种种风俗，全面汉化。公元496年，下令改北魏皇族姓氏拓跋为元。

不料到了北魏孝武帝的时候，北方造反，洛阳骚动。有高欢其人，显然已经鲜卑化，精明且果敢，掌握了北魏的军权。高欢重兵在手，孝武帝难免警惕并怀疑，甚至忧患其图谋不轨。高欢认为孝武帝身边一定是出了佞臣，遂有谗言，所以必须清君侧。

公元534年，高欢挥师骏奔洛阳，孝武帝抵挡不住，速入关中，北魏亡。

鲜卑人一百四十八年的统治，为中华民族注入了一脉强健的血液。在体质上、性格上和文化上，都使中华民族变得更骁勇、更雄壮、更博大，这也成为天下统一的基础。

高欢欲追回孝武帝，不成，就在公元534年扶持十一岁的元善见登基，俄迁邺城，谓之东魏。

高洋是高欢之子，以故事表演了一番禅让的节目。东魏孝静帝受压退位，啜泣不已，东魏亡。

公元550年，高洋即皇帝位，国都邺城，史称北齐。

北魏孝武帝至关中，宇文泰迎接了他，并在长安立其朝廷。孝武帝要依靠宇文泰，便以冯翊公主嫁之，且让其担任了宰相。可惜宇文泰独揽了军权，孝武帝不禁恼怒，就弯弓搭箭，或拍案咒骂，以发泄不满。孝武帝二十五岁，还是一个青年，突然以饮酒暴卒，应该是酒里有毒吧！

宇文泰并非平常之人，当然也是有打算的。孝武帝殁，怎么向前呢？经过推敲，他决定扶持北魏南阳王元宝炬登基。

公元535年，鲜卑人元宝炬即皇帝位，以长安为国都，史称西魏。置长安县，隶京兆郡。

西魏三主，尽是宇文泰的傀儡，这也无可奈何。

有京兆郡武功人苏绰，博学多通，尤善算术，得到宇文泰重用。苏绰提出的裁减官吏，制定的记账及户籍之法，建议屯田以资军国之策，都得到宇文泰采纳。他还总结了社会发展的六条原则，宇文泰也欣赏之至。遗憾积思劳倦，患疾而亡，年四十九岁。宇文泰十分痛惜，亲自送葬，在车后酹酒，恸哭流涕，竟不觉卮坠于手。

公元556年，宇文泰命也尽了。弥留之际，对其侄宇文护郑重交代，要他辅佐宇文觉。他有数子，而宇文觉为世子，相当于太子，应该登基。见宇文护答应了，他才合上眼睛。

西魏恭帝拓跋廓仍行禅让之礼，彬彬逊位，西魏亡。

公元557年，宇文觉即皇帝位，是为孝闵帝，以长安为国都，史称北周。置长安县，隶京兆尹。

北周有五主，有作为的当是北周武帝。宇文护先后废黜了孝闵帝和明帝，足有四年，令由他出。武帝用计杀了宇文护，从而理顺了朝政。他注意道德形象，日穿布袍，夜盖布被，极为节俭，尤能以身作则。他是有宏志的，灭了北齐，还想统一天下，可惜三十六岁便殁。在文化上，他推崇儒术，曾经下诏禁佛，也禁道。资料显示，当时有数万佛寺充公，数百万佛教徒还俗。不过他的政策算是温和的，并未毁庙，也并未对佛教徒动武而致其死命。

宇文赟继立，为北周宣帝，其皇后杨丽华是大臣杨坚之女。宣帝怪异，当皇帝一年以后便传位太子宇文阐，自己享乐去了。后因荒淫无度，发病而卒，仅二十岁。

北周静帝，就是宇文阐，只有七岁。杨坚已经是上柱国、大司马，权力甚重。见北周衰朽了，他也作禅让之法，北周亡。

公元581年，杨坚在临光殿即皇帝位，以长安为国都，两年之后以大兴城为国都，谓之隋。置长安县，隶京兆郡。

杨坚曾经袭其父杨忠之爵，为随国公——隋国公，当了天子，便是隋文帝。至杨坚立隋，南朝陈的最后一个皇帝陈叔宝还在建康君临其民，耽于酒色。公元589年，隋军渡过长江，攻占建康，俘陈后主，灭陈。

灭陈的意义极大，它宣告天下统一了。

公元304年，李雄在巴蜀立成汉，刘渊在中原立前赵。自此以后，天下一百三十五年鼎沸且血腥。这一阶段，西晋转向东晋，十六国波浪翻滚。

公元420年，刘裕强致东晋恭帝司马德文禅让，东晋亡，宋立，南朝出现了，权力更迭也将出现。公元439年，北魏太武帝灭了北凉，标志北朝的出现。接着，天下将是一百七十年的分裂局面。这一阶段，南有宋、齐、梁、陈四国，北有北魏、东魏、西魏、北齐、北周五国。天下冲突离荡，总计二百八十六年。

以隋军灭陈，归于统一。哀隋之福浅，满打满算仅三主，三十七年。

隋文帝杨坚英明，除统一南北之外，设科举制度为一般地主及士大夫步入仕途开辟了途径，此举尤能为朝廷提供贤良之才。轻徭薄赋，鼓励农桑，也是正道。其生活简朴，避免荒淫，也为优点。对付突厥，也能以妙计抑制其侵略之势。

遗憾他选杨广为太子是一个错误，事实证明，隋炀帝的所作所为很快便陷人民于水深火热之中，导致遍地造反和起兵，使隋迅速夭折。江山是好的，杨广糟蹋了。

李渊本是隋的太原留守，并领晋阳宫监。其稍一犹豫，便顺应形势，勃然兴师，以问隋之罪。公元 617 年，他率军倾入大兴城，扶持代王杨侑为皇帝，乃是隋恭帝。他还遥尊隋炀帝为太上皇，以显示合礼。实际上这是禅让的启动，由李渊及其团队主导。

隋恭帝晋封李渊为大丞相，又晋封唐王，再晋封相国，自己逊位，退居旧邸，隋亡。

公元 618 年，李渊在太极殿即皇帝位，以长安为国都。置长安县，隶京兆府。

唐有国祚二百八十九年，天子二十一位，颇具一气呵成之感。

唐军破突厥，擒颉利可汗，在顺天门执其献捷，从此以后，西北诸蕃皆呼唐太宗为天可汗。唐太宗说："自古皆贵中华，贱夷狄，朕独爱之如一。"他册命诸蕃君长，并向他们发了玺书，承认是他们的可汗。昭陵除了皇后、王子、公主及将相陪葬以外，还有突厥人阿史那思摩、阿史那社尔和铁勒人契苾何力在陪葬，也许执失思力也在陪葬吧！一千余年，风吹着唐太宗的坟草，也吹着这些异乡人的坟草。

唐有邦交国近乎三百，为唐政府工作的有日本人、天竺人、波斯人、康国人、安国人、龟兹人、疏勒人、于阗人。其多很认真，并有贡献。

唐长安可以传佛教，也可以传景教、拜火教、摩尼教和伊斯兰教。李渊认李耳为远祖，道教当然也会传。唐长安是九州青年所憧憬的地方，即使漂泊，也要至长安，因为不到这里，难以为官，遂不能光宗耀祖，不到这里，作诗也难以扬名四海。唐长安汇聚了天下的音乐和舞蹈，尤其是来自康国的胡旋舞，酒肆跳，宫廷也跳，似乎胡旋舞是可以尽显风流。唐长安还出了一个女皇帝，而唐玄宗和杨贵妃的关系，足以媲美周幽王和褒姒的关系。爱美人超出爱江山，也是一种价值选择吧！长安，盛矣！

不过时极而转，这显然是一种神谕。先有安史之乱，后有黄巢发动起义，飓风扬波一般撼动了唐。

此间有午沟，今之安徽砀山一带人朱温，也投入了起义。朱温善于作战，遂成将军，拥有重兵。不过他见起义部队受到唐军及诸路藩镇士徒合击，前途黯淡，遂从章邯弃秦归楚得到启示，向河中节度使王重荣投降。唐僖宗高兴，授朱温左金吾卫大将军、河中行营招讨副使，并赐名朱全忠。

唐僖宗崩，唐昭宗升上了宝座，可惜唐未能中兴，而朱温则越来越强，以致控制了唐昭宗。公元904年，朱温挟天子迁洛阳，俄顷杀唐昭宗。接着安排十三岁的李柷登基，谓之唐哀帝。李柷只能对朱温步步晋封，由梁王到魏王，从相国到太尉，终于朱温有了九锡之尊。

这样，就可以重演禅让之戏了。公元 907 年，唐哀帝下台，唐亡。

余音犹在，一千余年，长安不复为国都矣！唯长安不湮，长安不隳。

公元 907 年，朱温——朱全忠即皇帝位，国都开封，史称后梁。改长安为大安，置大安县，隶大安府。

改长安名，小技卑法而已，如王莽和羌人姚苌一样，完全是扭捏作态。

唐亡以后，五代十国便出现了。

北方的五代，是由后梁发轫的。公元 923 年，后梁亡。公元 923 年，沙陀人李存勖立大唐，人称后唐，建都洛阳。置长安县，隶京兆府。公元 936 年，后唐亡。公元 936 年，粟特人石敬瑭立大晋，人称后晋，建都开封。置长安县，隶京兆府。公元 946 年，后晋亡。公元 947 年，沙陀人刘知远立大汉，人称后汉，建都开封。置长安县，隶京兆府。公元 950 年，后汉亡。公元 951 年，郭威立大周，人称后周，建都开封。置长安县，隶京兆府。公元 960 年，后周亡。

十国，南方一般指吴、南唐、前蜀、后蜀、南汉、楚、吴越、闽及荆南，北方指北汉。

赵匡胤曾经任殿前都点检，负责后周皇帝及开封的安全，当为国之要津。后周恭帝柴宗训继立以后，又授其归德军节度使，赵匡胤的权力就更大了。

他应该早就有了筹划，所以结果颇为圆满。事情是这样的：京师忽然出现了真假难辨的辽与北汉联合进犯北周的消息，朝廷不禁紧张。为使赵匡胤能够宽放地率军御敌，宰相范质遂给了他可以调动更多兵马的权力，接着他就出征了。部队行至开封东北一带陈桥驿，夜色渐浓。当此之际，有将领庄严地给他披上了一件黄袍，赵匡胤便将成为皇帝。部队调头，返回开封，他的团队遂循序指挥如何禅让。后周恭帝才七岁，懂什么呢？赵匡胤降其为郑王，后周亡。

公元960年，赵匡胤在崇元殿即皇帝位，国都开封，史称北宋。设陕西路，后改设永兴军路。置长安县，隶京兆府。

中国古代王朝众多，而悲哀和不幸的则莫过于赵宋王朝了，虽然中国文化造极于赵宋之世。然赵宋的北方尽是虎狼，无不窥视中原，这使赵宋始终缺乏安全。

公元916年，契丹人耶律阿保机即皇帝位，谓之辽。宋辽交战，结果宋以向辽岁输银和绢获得了比较平静的呼吸。1125年，女真人灭辽。

1038年，党项人李元昊——赵元昊即皇帝位，史称西夏。西夏寇宋，而宋欲灭之则无力，宋遂消耗人财以安求宁。1227年，蒙古人灭西夏。

1115年，女真人完颜阿骨打——完颜旻即皇帝位，国都上京会宁府、中都燕京大兴府、南京开封府，谓之金。设京兆府路，后改设陕西路。置长安县，隶京兆府。

金辽交战，宋和金联合起来打辽，辽灭。然而金刚刚得胜便攻宋，并洗劫了洛阳。1127年，宋徽宗和宋钦宗遭掳，北宋亡。

1127年，赵构即皇帝位，国都南京应天府，今之河南商丘，1138年，迁都杭州，史称南宋。

女真人据有中原，而南宋与金则以淮水—散关为界。公元1234年，蒙古人灭金。

蒙古人显然后来居上，并将策马征服世界。蒙古人与金交战的时候，南宋和蒙古人还联合起来打金，像过去北宋和金联合打辽一样，而今金则灭于蒙古人。

忽必烈登基以后三年，便调兵汹汹攻南宋，这完全是金灭辽便攻北宋的模式的重现。1279年，宋卫王赵昺携国玺沉于海，南宋亡。

赵宋可叹，其北宋亡于金，南宋亡于元，颇为凄惨！

1271年，元立，国都大都，今之北京。设陕西四川行省，后改设陕西等处行中书省。置长安县，隶京兆府，后隶安西路、奉元路。

1368年，朱元璋祀天地，即皇帝位，国都应天府，今之南京，是为明。设陕西等处行中书省，后改设陕西承宣布政使司，西安府。置长安县，隶西安府。

1376年，封朱棣为秦王，遂筑西安城。西安城的根底是唐长安城，或曰西安城建在唐长安城的基础上。

1644年，清立，国都北京。设陕西承宣布政使司，后改设陕西左布政使司，又改设陕西布政使司，西安府。置长安县，隶西安府。

1912年，中华民国立，国都南京。设陕西都督府，后改设陕西巡按使，又改设陕西省长公署，又改设陕西省政府。沿袭西安府，至1913年废之，设关中道，1928年又废之。1928年9月28日试行西安市政府之职能，至1930年11月8日又予以中止。1931年，西京筹备委员会组成，一度有西京浮出。1944年，设西安市。置长安县，隶关中道，后隶西安市。

1949年，中华人民共和国诞生，国都北京。设陕西省，设西安市。置长安县，隶西安市。

2002年6月2日，撤销长安县，设西安市长安区，至今。

帝制结束以后的一百余年，社会生活节奏加快，机构多有变化，不过总的框架如是。

长安频频易手，其主当然形形色色。长安也骤大骤小，移来徙去。然而无论如何，长安是存在的，它不仅是一个地理的长安，历史的长安，也是一个文化的长安。长安雄踞关中，一体自成。群山为塞，愿做拱卫。

长安是长治久安的意思吗？这只是汉高祖的意思，他不过是希望他的统治及其子孙的统治长治久安而已，格局狭矣，境界窄矣！

我一直要问的是：谁称一个聚落为长安的？长安的人是怎样的人？岁岁琢磨，有一天，我终于明白，他不是普通人，因为即使他是智者，也属于普通人。我猜测他是天使，在传神的意思。长安本是上天之愿，是上天对中国人的祝福，他选关中宣布了这个消息。

长安，天命长安！

关中论

我曾自云走遍关中，指 1991 年与 1993 年间我走了潼关、武关、散关、萧关及关中的山川、帝陵和宗教场所。那是一次雄壮的经历，强化了我的精神。

不过现在看来，所谓走遍关中，俨然韩信用兵，是以数千号称数万，难免惭愧，因为关中史迹甚繁，且一再有文物从地下毕露其形。

然而我终于再鼓勇气，再使毅力，从 2018 年冬到 2019 年夏，走了函谷关、陇关、峣关、金锁关和石门关，并又一次去了萧关、潼关、散关和武关。东西八百里风与月，南北一百八十里寒与热，脚踏兵戎之墟，心断盛衰之理，感慨纷纭！

关中是一个盆地，中心低，周边高，是喜马拉雅运动时期形成的断陷，少也三百万年了。

考古发现，此盆地至迟在六千年之前就有人类劳动生息。

浐水沿岸的半坡遗址出土了精美的陶器，是仰韶文化的一种灿烂佐证。在沣水沿岸和泾水沿岸，也有面世的仰韶文化的陶器。那时候，此盆地活动着近乎四百个部落或氏族集团，明证这里是很宜居的。公元前 11 世纪至公元前 8 世纪，周人于斯创造了一套颇为灿烂的礼乐制度。孔子赞曰：“周监于二代，郁郁乎文哉！吾从周。”

尽管如此，关中还没有出现，是指这片土地还未以关中为名。我不知道祖先若要交流此盆地的信息会如何呼它？叫它什么？也许仍按原始的习惯，指指点点、比比画画吧！

公元前 272 年，春申君，就是黄歇，受楚顷襄王派遣出使秦国，向秦昭王提议，可以建立一个秦楚联盟，一旦事成，秦国便能从容地对付韩国和魏国，其结果是：“韩必为关中之侯。”也许各路诸侯早就议论关中了，不过事实是，当此之际，关中才从春申君之口诞生。书上有录，班班可考也。

好了，天下终于有了一个关中，它变成一个舞台，英雄、美人和奸佞都会在这里表演一番，并留下自己希望的或自己企图避免的痕迹。

关中的地界一直是变化的，不同的岁月，有不同的畛域。或曰：“西以散关为界，东以函谷关为界，二关之中谓之关中。”或曰：“秦，西以陇关为限，东以函谷为界，二关之间，是谓关中之地。东西方千余里，南北近山者，相去一二百里，远者三四百里。”或曰东有函谷关，西有散关，南有武关，北有萧关，四关之中属于关中。或曰东有潼关，西有散关，南有武关，北有萧关，四关之中当归关中。

1913年至1928年，陕西设有行政机构关中道。其辖陕西中部，北含韩城、合阳、澄城、白水、同官（今之铜川）、栒邑（今之旬邑）；东南包括商洛；西南以秦岭为边陲。关中道容纳了武关、散关和陇关，可惜函谷关和萧关不隶陕西，遂不在关中道。

在典籍里，关中是秦国的一个地理范畴，或是一个军事地理范畴。除了十五年的关中道，鲜见它是一个行政区划的，甚至从来不是。关中现在显然是一个历史地理范畴，以史念海的观点，它的地界应该在陕西中部，具体在秦岭以北，子午岭和黄龙山以南，潼关以西，陇山以东。函谷关和萧关皆不为关中所有，它仍缩小了。

关中覆盖有深厚的黄土，其熟化层在五十厘米至六十厘米之间。遥远的新石器时代以来，便有人在此盆地经营农业，是因为这里合适耕植。司马迁曰：“关中自汧雍以东至河华，膏壤沃野千里，自虞夏之贡以为上田。”

关中还有水利，它不仅支持了农业，还滋养了农业文明。水利万物，也在关中得到了彰显。关中之于北方，其河流应该是多的了，主要有渭水、泾水和洛水。渭水发于甘肃渭源，其东流至陕西宝鸡进入关中，再东流，至潼关汇黄河。泾水出于宁夏泾源，其东流，经甘肃平凉和泾川，至陕西长武和彬县进入关中，再东南流，至西安以北汇渭水。洛水源于陕西定边，白于山南麓的草梁山，正是它的泉脉。其东南流，经陕西志丹、甘泉、富县、洛川、黄陵、宜君、澄城、白水、蒲城、大荔，至三河口汇渭水。渭水、泾水和洛水的两岸，农业发达，人口屡增，城市也发展起来了。

渭水尤有大功，它就是关中的母亲。没有它的养育，关中将难以壮硕。渭水在南岸的支流有清姜河、石头河、骆谷河、黑水、涝水、沣水、潏水、浐水、灞水和戏水，在北岸的支流有汧水、雍水、漆水河、沮水河、清峪河和冶峪河。实际上，漆水河、沮水河、清峪河和冶峪河，统统汇石川河，石川河又在西安以北汇渭水。渭水有一个网络系统，它丰富了渭水，渭水遂得以养育关中。渭水之功，不仅是农业灌溉，还有交通运输和军事防御。

早在公元前8世纪，也就是春秋以来，晚在公元前5世纪，也就是战国以来，礼崩乐坏，诸侯争霸，关中的战略地位才得以突出。秦以关中为基地，发奋数百年，一统天下。秦实现了自己的抱负，原因颇多。关中为群山所环，成天府之国，有金城之坚，也是一个重要的原因。它进可攻，退可守。攻，戈戟伸于关外，士徒据其本营。守，关中完全能够丰衣足食，安居乐业。

关中之山，南横秦岭，北贯北山。然而并不止于笼统的南北之山，因为秦岭山系和北山山系都很复杂。关中之山，是天女散花。眉县有太白山，西安城南有终南山和玉山，陕西洛南与渭南市华州区之间有草链岭，华阴城南有华山，宝鸡城南有鸡峰山，宝鸡城东偏北有岐山，岐山东北有箭括岭，岐山西北有杜阳山，永寿以北有永寿梁，凤翔有老爷岭，陇县西南有关山，旬邑有石门山，扶风有瓦罐岭，乾县有梁山，礼泉有五峰山和九嵕山，泾阳有北仲山和嵯峨山，富平有频山和将军山，蒲城有金粟山和尧山，合阳有梁山，韩城西北有牡丹山。这些山高高低低、错错落落、郁郁葱葱、苍苍莽莽，给关中以深奥之美。终南山峰峦叠嶂，是京师之镇，国之所瞻。九嵕山孤耸蓝天，遂营昭陵。

关中不仅为群山所绕，造成屏障，而且有茂林，有修竹，有奇花，有异草。走兽有鹿，有豕，有狐，有兔，有大熊猫，有金丝猴；飞禽有金雕、苍鹰、雀鹰、猫头鹰、啄木鸟、杜鹃、鹦鹉、柳莺、乌鸦、喜鹊、金鸡、松鸡、天鹅、大雁、野鸭，有朱鹮，也有麻雀；还有漆、棕、毂、纑、玉、金、铜、铁。在以长安为国都的那些日子，关中的货殖之资，上则富君，下则富民，凡士无不向往。

关中具四塞之固，然而并不封闭，是因为群山之中，皆存通道。其东南有蓝武道，以达吴楚，西南有陈仓道，以往巴蜀，东南与西南之间有库谷道、子午道、傥骆道和褒斜道。其北有金锁关，以至延安。其东有潼关和函谷关，以穿过崤山，进入中原和齐鲁之境。其西北有陇关道和萧关道，经今之甘肃和宁夏，以走西域。这些通道先是猎人发现的，后是商人打开的，再后是征人拓展的。

关中还有渡口，其分布在黄河沿岸，它们是：禹门、夏阳、蒲津和潼关。

不管是关中的地力，还是关中的形胜，显然都合适民族的融合。此盆地广衍肥沃，为九州之上腴，农业尚矣！它又面临北方的游牧民族，他们或以战争的形式，或以迁徙的形式，或由于灾害，或由于逼迫，往往骏奔关中。经过艰苦的交融，也包括通婚的途径，实现了基因的融合，也实现了文化的融合。

秦汉以来，甚至春秋以来，匈奴人便反复进入关中。伴随匈奴人的，常常是羯人、氐人和羌人。陇关和萧关，当然是他们进入关中的主要通道。在关中，匈奴人、羯人、氐人、羌人与周人、秦人和汉人融合，他们也互相融合。公元 4 世纪，鲜卑人趁中原混乱之际，统一北方，并积极向汉人学习。公元 535 年，一批鲜卑人以元宝炬为头目，由宇文泰执掌，在关中建立政权，史称西魏，接着是北周。这两个鲜卑人的政权，加速并深化了民族的融合，从而使中国逾越短暂的隋，走向了伟大的唐。

长安是丝绸之路的起点，也意味着关中是丝绸之路的起点。基于此，中国文明与印度文明、中国文明与波斯文明，都在这里有所交会。佛教曾经在犍陀罗受到了希腊文化的强烈影响，出现了希腊式佛教艺术。公元 1 世纪，佛教传入中国，这种希腊式佛教艺术也得以在法门寺石刻、草堂寺石刻和彬州市大佛寺石窟有所表现。仔细观察，某些佛教造像在五官、头发和服饰上，确实有希腊艺术光芒的闪烁。这不也是希腊文化辗转在关中的一种播布吗？景教兴于大秦，今之叙利亚一带，至唐传入中国，盛行长安二百余年，留碑一通。这不也是大秦文化辗转在关中的一种播布吗？大秦就是罗马帝国及近东地区。

陇关

陇关在哪里？我要往陇关去。

我所知道的陇关在陇山上，不过陇山是峰岭的一个聚群，苍苍莽莽的，岂可瞎撞。有一个设关保界的高岗，非常具体，谓之关山。

我往陇关去，实际上是要赴关山。

一部地方志指出，陇关置于关山之巅，遗址在其东坡的洪家滩。我往陇关去，当然是要觅得洪家滩，迎风走一走。登关山，会有幽情吗？不可知也。

陇山蟠踞在今之宁夏、甘肃和陕西之间，尽管它也是拔地而起的一堆石头，然而陇山并不平凡。典籍里所谓的陇坻、陇坂、陇头或陇首，皆指陇山。陇山久为骚客所咏，并反复出现于10世纪以前的歌谣里和文章里。

在长安城，皇帝面南而坐，其东为左，其西为右。张衡说：

“右有陇坻之隘，隔阂华戎。”

古者认为，居于中土的是华夏，而戎则在西方，遂有西戎之称。在历史上，西戎也是变化的，大约指最早的昆仑、析支、渠搜，及以后的羌、氐、匈奴、吐蕃、吐谷浑、党项，也指突厥吧！西戎多以游牧为生，兵强而凶。幸有陇山，它分开了中土和西戎。陇山之所以重要，是由于它起到了屏障作用。

朝发明德门，以至陇关。汽车比马快，更比牛快，此乃工业社会赋予的速度。出西安，过宝鸡，再过千阳，下午 2 点 10 分到了陇县。

陇县以东是关中平原，以秦人在此奋斗数百年，建立了自己的基业，也呼关中平原为八百里秦川。陇县以西是陇山，其南其北，咸为陇山。陇县有陇山环其三面，千河斜穿而过，形势甚为峻崎。

千河者，汧水也，发源于汧山也。毕沅说：“陇山，汧水所出，故谓之汧山。”

稍作休整，遂西行五十里，至固关镇。仰观陇山，只见层峦叠嶂，深林葱郁，顿生无穷无尽之感。灰色的云是宁静的，偶落的小雨也很宁静。

陇关在哪里？怎么登关山？这种自问一直发作，不到陇关，它一定还会发作。

羌人本生活在今之青海、甘肃和四川交界，青藏高原当是其故乡。湟水一带、洮河一带及岷江上游，都是他们游牧的疆域。为了寻觅丰饶之草，他们也会出谷过河，到处游牧。

应该是图谋向东发展的羌人，踏出了陇关道。牧野之战，周武王推翻了商纣王的统治。周武王的联军里就有羌人，他们当是从陇关道进关中的。

秦人原居东方，是商之臣。周取代商，秦人不免抱怨并怀恨，一旦得到机会，便要参加反周的叛乱。周人懂礼，可是周人也会报复。为惩罚秦人，周公命其迁至西方，他们就居西犬丘，半游牧，半耕作。西犬丘在今之甘肃礼县，属于周的西陲。

有秦非子，善于养马，受到周孝王的赏识，便让他为周王室服务。汧渭汇处，水清土沃，是周的草场。周孝王令秦非子在此养马，以战西戎。秦非子不负周孝王之盼，养马颇为成功，周孝王遂赐地，邑之秦，让其做附庸，并复续嬴氏的祭祀，号曰秦嬴。

秦邑在今之甘肃清水，也可能在甘肃张家川，其东便是陇山。

秦人显然是踏着羌人的足迹向东发展的。公元前776年，秦襄公沿着陇关道入关中，在今之陇县东南，营作汧邑。

几年以后，秦襄公护送周平王移跸洛邑，以功得封诸侯，获岐以西之地，遂有秦国。

公元前762年，秦文公在汧渭之会建筑其城，公元前714年，秦宪公迁都于平阳，今之宝鸡陈仓，公元前677年，秦德公迁都于雍，今之宝鸡凤翔，公元前424年，秦灵公迁都于泾阳，公元前383年，秦献公迁都于栎阳，公元前359年，秦孝公迁都于咸阳，卒以关中为基业，于公元前221年秦王政统一了天下。

必须指出，陇关道的方向是汧水河谷，陇关道当然是逾越陇山的。

也许羌人因为汧水才创出了陇关道，而秦人则踩着羌人的脚印取得了关中。也许秦人便是沿着陇关道至西陲的，而沿着陇关道再返中土则是其广远的志望。秦人性格的独特在子子孙孙不忘雪耻、不忘复正，并能累功积智、发愤崛起。

原住河西的月氏人和乌孙人受匈奴的压迫和驱逐，斗不过，自己就走了，走了也就忘了自己的羞辱和悲惨，再也不返故乡了，更没有还击匈奴的信念。秦人则不然。

秦始皇初阅天下，选了陇西郡和北地郡，这也就包含陇关道，然而他似乎并未走陇关道。百年以后，汉武帝巡狩回中，择陇关道而行。经陇山那天，恰逢天雷滚滚，十分惊异。为纪念此事，便改陇关为大震关。陇关就是汉家所置，汉武帝改一改，也可以理解。

大震关在9世纪被安戎关取代，大震关遂为故关，安戎关为新关。安戎关在10世纪又被咸宜关取代，安戎关遂为故关，咸宜关为新关。取代的规律显示，新关一再回收，一个比一个靠近关中。

陇关道上的战争难免发生，尤以突厥和吐蕃犯唐及唐的反攻为惨烈。

突厥曾经借兵给唐，以助唐取得天下，不过突厥从开始就一再寇唐。公元 622 年夏天，突厥首领颉利可汗率兵数千骑，经灵州，过原州，从六盘山东北破大震关，进入关中，冲向长安城。秦王李世民率兵百骑，从容迎敌。李世民对颉利可汗说："我秦王也，故来一决。可汗若自来，我当与可汗两人独战；若欲兵马总来，我唯百骑相御耳。"以常理，彼此相搏，以少抗多的难度颇大，而李世民则要以百骑对数千骑。颉利可汗不知道深浅，引兵而退。

吐蕃甚为强悍，更是唐之巨害。实际上大震关主要就是用来阻截吐蕃的。

吐蕃远在青藏高原游牧，7 世纪东移，渐接唐境，并频频犯边。安史之乱以后，趁唐有难、实力削弱，遂加速侵略。

公元 763 年，吐蕃先占据了河西，以至陇西，接着陷秦州和成州，顷溃大震关，旋围泾州，今之甘肃平凉泾川一带。高晖任泾州刺史，悚然投降，并为吐蕃引路。吐蕃便掠邠州，掠奉天，绕过咸阳，取道武功，从司竹园渡渭，循终南山向东以攻长安城。危险至极，唐代宗不得不奔陕州避患，而唐官吏则四处藏窜。

幸有唐将郭子仪，其收合散兵，屯于商州，以等待时机。吐蕃得京师，立广武王李承宏为帝。是可忍也，孰不可忍也！郭子仪整编唐军，直抵京师。有王甫者，唐之旧将也，其聚拢长安城一干游侠恶少，在朱雀门街恣肆击鼓，狂造声势，以配合郭子仪的行动。吐蕃不禁惶恐，狼狈而逃，唐军遂收复长安城。高晖惊闻吐蕃败退，便率三百骑东跑潼关。叛夫向来难以善终，高晖为关守李伯越所杀。见京师安全了，唐代宗便辞陕州，返太极宫。

吐蕃撤离了长安城，不过野心未死，遂在秦州和成州继续经营。公元769年，吐蕃兴师，欲攻灵州，今之宁夏吴忠一带。当时李抱玉为凤翔节度使，李晟为右军都将。李抱玉遣李晟率兵五千打吐蕃，李晟说："以众则不足，以谋则太多。"他想了想，表示愿带兵一千奇袭吐蕃。李晟出生行伍世家，性格雄烈，善于骑射，李抱玉便同意他带兵一千。李晟疾出大震关，长驱临洮。这里有定秦堡，是吐蕃得意的据点。李晟领兵猛冲上去，屠剿定秦堡，焚其积聚，活捉了指挥慕容谷钟，乘胜而还。吐蕃既丧定秦堡，遂弃灵州而去。

还有一事发生在大震关，颇为有趣。安禄山的叛军占领长安城以后，匪首高嵩带兵到陇山一带来，准备过此往陇右去活动。陇右采访处置使郭英义胸有成竹，计划灭贼，但他却假装慰劳，请其吃，请其喝，很是热情。高嵩自以为威风，忘乎所以。唐军埋伏一隅，见高嵩吏士陶醉于酒肉，一声令下，骤然而发，尽俘其徒。

陇头流水，鸣声幽咽。
遥望秦川，心肝断绝。
陇头流水，流离西下。
念我一身，飘然旷野。

战争总是伴随着苦难和牺牲。古者之诗，尽诉中土之人西出陇关的辛酸和孤独。不管是征伐还是行役，陇关道上的日子都不平安。

陇关在哪里？怎么才能顺利抵达洪家滩呢？

我很幸运，陇县固关镇马道护林检查站的余钦先生愿意带路上山。他五十出头，在此工作二十多年了，脸黑，言讷，看起来实实在在，颇具经验。有他带路，真是喜出望外。

汽车驶向一条深广的沟壑，不过走着走着，便觉得巉岩高耸，峭壁纵横。时在初夏，虽然不冷，而绿树蓊蔚，又身处山阴，又有微雨洇润，则生暮春之感。

陇马路就是陕西省宝鸡市陇县至甘肃省天水市张家川回族自治县马鹿镇的交通干线，其左一弯，右一曲，蜿蜒上山。千河清冽，穿梭在古木、青苔和白石之间，以斗折蛇行的姿态顺山而下。这就是陇关道，太静了，太美了，隐逸在汧水河谷之中。

陇马路应该是沿袭陇关道所修的一条干线，因为它是水泥路面，现代材料。实际上在1949年以前，就沿袭着陇关道修了陇马路，当时路面硬化，用的是原始材料。我称其沿袭，只是想表达它们是在陇关道的基础上修筑的，不过认为这就是陇关道也并无任何问题。

在我神游之际，余钦先生喊停，汽车便停下了。他指着藤蔓与花草掩映的一条窄小的斜径说："过去走这里到老爷岭，铺

陇关草木

的全是石板。”老爷岭就是关山之巅，其东坡为洪家滩。

斜径多少是一种刺激，我怦然闪念，要走石板小道。虽然知道此乃幻想，不过还是钻进古木、青苔和白石之间，弯腰试了试。潮湿昏暗，脚下泥泞滑汰，也如踩着了玻璃上的油，又感到丛莹有蛇，遂捷足而出。

结束这个插曲，继续上山。当海浪似的古木从沟壑挤到路边的时候，略觉压抑。不过万千古木一旦远遁而去，山坡上豁然现出开阔而绚丽的草甸，空旷和舒畅便感到了。随着草甸的延伸，往往有自由的牛、马和羊在漫游。

我见过黄牛，也见过黑牛、红牛和花牛，只是没有见过白牛。然而这里的山坡上有一头白牛混在群畜之中，傲然扬头直视着我，确乎令我惊叹！我看它，它也看我，彼此都流露着好奇的神情。然而在别的牲口的眼睛里，也许我和白牛只不过都是动物而已，并无什么好奇吧！

山坡上多有泉水，其或出草丛，或出树根，或出石缝，汪然而流，汇至千河。从草丛所涌的泉水净如白练，即使泻于泥土也不污染。泉水喷射草丛的一瞬，仿佛陇山咏了一句碧绿的诗。不过这一瞬之咏是连续的，甚至是永恒的，属于天地之间神秘的吟唱。

忽焉是古木，忽焉是草甸，山坡上的风景就这样反复切换着。古木看起来并不参天，然而茂密繁盛，间有红桦、白桦、青桐、松、椴、柳、杜梨、酸梨、核桃、沙棘和别的什么树。那种挤到路边，并会显示自己老根的树，常常是柳。

“洪家滩到了！”余钦先生蓦然说。

“到了？”我脱口而问。

站在老爷岭，关山之巅，我的目光急切地投向东坡。沟壑旷荡，大体呈南北方向。我的立足点在沟壑的西南端，所谓老爷岭的顶尖。我望过去，东坡葱翠的草甸一直向下，向下，渐渐见底。接着是西坡，不过西坡比较陡峭，甚至是耸然而立了。西坡尽是古木，足以蔽日，遂会覆盖西坡的所有角落。西坡向上，目光向前、向后，我所看到的凹者之谷和凸者之崖，此中无不是色彩浓重的古木。古木枝叶厚实，波涛似的，连绵起伏，涌至天际。我分不清粗的是什么树，细的是什么树，只感觉赤橙黄绿青蓝紫尽烁林表，仿佛是神的点染，遂呼其为伟大的创造。

陇关的遗址就在这里，然而它究竟在洪家滩的什么面、什么线或什么点，岁月已经湮灭，不知道了。

风一吹，云就飘，微微的雨总是随着云。风一停，云就散，微微的雨没有了，天亮了。陇山沉寂，渗透着一种洪荒和魔幻的交融之气。

徘徊陇关，我意识到老爷岭以西就是所谓的陇右，须臾之间，悲壮的鼓角穿过历史的烟霞隐隐而鸣。

散关

散关在宝鸡南部的杨家湾，杨家湾是一个村子，只有七户人家。

我到散关的时候，天在下雨，散关就冒雨耸立在那里。秋风抚弄着天空，横七竖八的雨以秦岭为背景纷纷落下，明如冰屑，冷似霜气。由巴蜀而来的云雾，仿佛有谁在后面推动着，滚滚翻越山峰，但进了散关却无影无踪了。广阔的平原，展开在散关之内，它什么都能容纳，那些云雾当然也能容纳。散关是一个峪口，其宽不足三十米，两岸巉岩悬挂，危崖挺拔，连绵的秦岭威严地镇压着地面。秦岭站在雨中，散关站在雨中。尽管铁路和公路都从这里穿过，然而火车与汽车并不是频频往来，所以散关常常是安静的。我立在我的伞下，望着古木苍苍而苔藓斑斑的散关，甚至觉得它是岑寂的，岑寂之中，透出一种古代战场的阴森。唯有清姜河发出声音，它从峪口奔泻而下，

清姜河的水瘦了

猛地冲进关中，单刀直入，寒光闪闪，杀气腾腾。它的白浪拍打着河床的白石，于是整个散关就都是它的呐喊了。

雨中的散关是那么安静，它安静得很是落寞。平坦的沥青公路，悠悠地穿过散关，然后蜿蜒于秦岭和平原。它一头通向成都，一头通向宝鸡。秋天的雨淋湿了公路，明净的水洼映照着散关的峭壁和草木。雨溅在水洼，反复地创作着精细的涟漪，那些涟漪自生而自灭，没有人欣赏。偶尔才有一辆汽车驶过，不管是卡车还是客车，都是风驰电掣般的速度。汽车一晃而过，轮子嗞嗞地响着，将水滴到处抛洒。沿着散关，树立了几排电杆，角状的和圆形的电杆，全然立于雨中，一些电线闪闪发亮，一些电线缺少光泽，一些电线发出声音，一些电线沉默不语。神奇的电线过了散关，跋涉在秦岭的脊梁，它不但带着光明，而且带着我难以知道的秘密。电线传导着秘密，人类众多的消息都由它传导，这是一个常识，但站在散关，这个问题却变得沉重而严峻，我甚至机警，我在这里到处张望，是否会引起怀疑。我没有发现盯梢的眼睛，只看到在河岸草地上，有几个放蜂人。蒙蒙的雨中，帐篷呈一片灰白，不过周围的蜂箱都是灰黑，雨打在那里，溅起针芒似的水星。一条狗站在雨中向我做着冲击的姿势，如果不是铁索拴着它，那么它可能会向我扑来，我想，它是一条恶狗。它竟然不喊不叫，只露着牙齿，一副敢作敢为的做派。

我奇怪散关怎么会有乌鸦，这飞禽仿佛已经从关中消失了，我很难看到它，但在散关却有几只乌鸦。它们从一个山头飞到别的一个山头。它们无声无息地飞着，有时候是几个结伴飞，有时候是一个单独飞。它们反复这样，使我觉得它们无奈而无聊，但转念而想，却觉得这可能是它们快乐的游戏或调情。乌鸦落在岩石上或者飞在天空中，都是很突出的，特别是离开岩石冲进天空的瞬间，仿佛变成黑色的窟窿。乌鸦就那样从一个山头飞到别的一个山头，它们冒着雨，那雨密密麻麻而且冰凉，把散关浇得一片淋漓，但乌鸦却没有躲在散关的窑洞。现在想想，它们是否在监视我呢？如果这样，那么它们是接受了谁的派遣呢？我一个人在雨中走来走云，我静静地感受着散关的灵魂，几乎是没有人这么做的，遂显出了我的独特，难道这就引起了乌鸦的注意吗？

火车奔驰在散关的上端，东边一条隧道，西边一条隧道，露出山岩的砖上仿佛流着黑水，仿佛是山的一片又湿又滑的补丁。隧道隐藏着，若不是火车的轮子摩擦了铁轨，那么我可能不会举目而望，或者不会在散关的上端搜寻。火车过去了，散关安静下来，甚至火车从散关经过之际，它仍保持着一种岑寂。火车是散关的异物，散关具有一种排斥所有异物的怨气，包括要排斥人。实际上露出山岩的砖上并没有流淌黑水，黑的是砖而不是水，但我站在路边，举目而望，却感觉那是黑水。

让放蜂人拉住了狗，慢慢地走进他们的帐篷，一半为了避雨，一半为了好奇。那狗并不高大，也不美观，嶙峋瘦骨，一块一块的似乎要从它黑白相混的杂毛中迸出，尽管它显得饥饿，

宝成线山间穿行的绿皮火车

然而不失自己的狰狞。放蜂人将它的头使劲压着，压了好长时间，它竟仍固执地向我瞪眼咧嘴，并露着一截血红的舌苔。放蜂人教训着，将它推进钢丝床下，它才变得乖了一点。这是几个成都人，我坐在一个竹椅上之后，其他两个青年离开了，到别的一顶帐篷去了，剩下一个四十岁左右的汉子陪我坐在那里。大概是长期辗转的缘故，在他瘦而黑的脸上，始终没有消除凄凉与寥落之色。凄凉渗进了薄薄的肌肉，而寥落则锈在稀疏的皱纹，尤其在他眼角的皱纹里真是堆满了寥落。他是 4 月上旬出来的。他从成都到汉中，然后到关中，接着从关中到宁夏和甘肃，然后到榆林，从榆林复返关中。他在散关才待了五天，这五天阴雨绵绵，蜜蜂都窝在箱子里不能出来。他准备待到 10 月下旬回到成都。他没有流露出思乡之情，不过，看着卷在钢丝床上的油腻的被子，摆在地下的没有涮洗的铝锅，撒了一桌的辣子，就知道他们的日子过得多么懒散和消沉。唯一可以振作他的精神的就是家，他的女人和孩子，能给他增添新的生机。然而，他现在还得在这里放蜂。散关处于秦岭的北麓和平原的南沿，气温是适中的，到了秋天，周围到处都是野花。放蜂人就是向花奔波的人，哪里有花就在哪里安营。但放蜂人的收入却并不能保证，这个成都人告诉我：如果顺利，那么他一年可以收入两千元左右，如果运气不好，那么还会亏本，糖的价格在涨，可蜜的价钱却涨不上去。我忽然发现狗在流泪，它卧在钢丝床下，伸着前蹄趴在潮湿的草地上，镂刻般的圆圆的眼睛眨了一下，便有水盈在灰色的眼眶，接着那水淌了出来。雨打在帐篷上和蜂箱上，一种是膨胀的声音，一种是凝缩的声音，它们交织而响，不过这声音并没有增加人生的光彩，反而放大了人生的无奈。我感谢了放蜂人，很快地走出他的帐篷，我感觉散关的风雨立即笼罩了我。我想返回宝鸡并返回西安，然而，散关没有客车，我得等待，如果幸运，那么我是能等到过路的客车的。

人类的进步总是伴随着战争，散关是关中的西门，在这里，曾经发生过数十次兵灾。从秦汉到隋唐，封建王朝一直建都关中，散关为秦蜀之咽喉，它当然是一个军事要地。史记，公元25年，汉中王嘉与延岑交火，延岑引兵进入散关，到陈仓，王嘉攻而破之。公元216年，曹操讨伐张鲁，就是从陈仓出散关，至河地而收复汉中。公元228年，诸葛亮闻知魏军被吴军打败之后，立即出兵，从散关进攻魏军，包围陈仓二十天，终因粮尽而退却。这是他二次出兵，他共六次出兵而征魏军。公元617年，李渊率军二十万攻下长安，遂派将士出散关而抚陇人。公元675年，党项人抢掠宝鸡，并焚烧散关进入凤州，节度使李鼎迎战而败之。公元756年，唐玄宗为避安史之乱出散关而入成都。公元880年，黄巢率义军攻占长安，唐僖宗从散关逃亡四川。公元902年，宦官韩全海劫持唐昭宗出散关到凤翔，然而朱全忠紧追不舍，并从凤翔挟唐昭宗而去。公元1137年，金军在其将兀术率领之下，以十万人进攻散关。在南宋，散关是一个屯兵之地，严防金军侵而入巴蜀，同时，金军驻留宝鸡，时刻准备克散关。金军垒石筑城，步步逼近散关，但宋将吴玠、吴璘兄弟却足智多谋，以山石为掩护，放着雨似的利箭射杀金军，金败而撤退。兀术蓄着漂亮的胡子，特征鲜明，宋军总是盯着他打，从而逼他割去了心爱的胡子。散关一仗，是金军侵南宋之后的最大一次失利。公元 1634 年，李自成受挫于安康，他佯装招安，率兵经散关而入宝鸡。在这里，他得到转机，随之继续造反，英雄本色是不会改变的。在到散关之前，我查阅了散关之战的书，我风雅的空堂因此充满了硝烟，坐在椅子上，闭了眼睛，似乎到处都是金戈铁马，刀光剑影。不过我并不惊异，人类的战争与和平此起彼伏，世上没有不息的战争，也没有永远的和平。天下大势，战后必和，和后必战。我就是抱着这样的态度到散关来的。

散关巍然于雨中，如果它有情感，那么它一定知道我对它的理解。在这里，流了多少血，碎了多少骨。散关仅仅是秦岭的一个峪口，流血和碎骨，那是兵家争夺它的结果。不过散关依然承受不了这样的事实，否则它怎么这样肃穆，肃穆之中，透出如此沉重的怨气。雨继续淋着秦岭。散关西边的悬崖水光闪闪，岩石一片殷红，仿佛是人血渗了出来。东边的高岗长满了草木，青翠的枝叶几乎覆盖了那里的沟沟坎坎，偶尔裸露的几块黑色岩石，俨然凝缩的人骨。

我在等待。我想，经过散关的客车总是有的。

朱按：此文作于 1992 年

再赴散关

散关南起煎茶坪，北至益门镇，在秦岭北麓逶迤盘旋八十里。其长如此，是我过去所不知道的。

散关的险峻阶段在二里关村一带，这里曾经出土有宋瓷残片和铠甲残片，还出土了一方石印，铭曰：大散关印。明证在握，这一带显然属于散关的遗址。

过二里关村向前行二十余里，就到了和尚原。田畴平旷，草木丰茂，如此善地在散关沿线实为罕见。当年南宋将领吴玠和吴璘兄弟在此抵抗金军，打得甚为激烈。金军一再发起进攻，迫切希望入蜀而去。吴玠和吴璘指挥士徒拼命厮杀，或采取奇袭战术，使金军一败再败。其统帅兀术中箭负伤，夺路而逃。不过终于使金军不得入蜀，也未能实现从长江上游绕道灭亡南宋的企图。这一带显然也是散关的遗址。

清姜河发源于秦岭北麓的玉皇山，峰峦嵯峨，森林深厚青翠。澄明的水掠岸滑沙，迂回而下，在石家营村汇入渭河。

散关数十里，基本上是随清姜河展开的。散关之险峻，也在于清姜河落差颇大，激湍成怒。它所穿过的峡谷往往是悬崖峭壁，枯藤老树，难以攀缘。

初秋的早晨，我从宝鸡南郊乘出租车，走川陕公路，到了散关极为典型的一段。告别出租车司机，我自由自在，久久流连。

清姜河逾越大大小小的发白的石头，斗折蛇行，向阳则明，向阴则暗。它奔泻的样子仿佛欣喜地找到了峡谷。它冲进了峡谷，它在峡谷之中，和峡谷结成了一个整体。这是陡而狭的一段，右岸绝壁，朝晖里一片绿树青草，左岸断崖，几无蓬蒿。

川陕公路便在左岸的断崖之处凿空而通，其不生草，不长树，乃是1936年堑嶂破岩的见证。

赵祖康是一个江苏人，是他主持修建了这条公路。在没有开辟公路以前，从关中至蜀要走故道，也就是陈仓道。实际上子午道、傥骆道或褒斜道也能走，然而皆有秦岭之阻，难！“噫吁嚱，危乎高哉！”这是李白之叹。为纪念此公路的通旷和通驰，赵祖康选清姜河左岸的断崖之处题刻曰：古大散关。

1992年我初赴散关，感到很是茫然。山高水长，而古色古调之物则无一件，我真不知道散关在何处。公路旁倒是有一个放蜂的四川人，也是唯一的人，可惜他不明白什么是散关。踟

赵祖康的题刻

蹰之间，发现了赵祖康的题刻，遂豁然开朗，顿起一种收获似的惊喜。

为防抢劫，那时候出门是不带照相机的，就紧盯着看，定睛看，以把题刻留在心里。现在手机便具照相机的功能，可以随意拍摄了。不过这一段细如咽喉，即使立足之地也不易得到，照相必须千万谨慎，因为货车、客车和私家车实如清姜河一样滔滔不息。车来了，你要转过身，面向峡谷，背对车。有时候，车确乎是拂背而奔。基于此，人游此鲜矣！

略有伤感的是，清姜河的水瘦了。石头沉水，磊磊相摩，每一块石头都像美人，只是脚在水里，其腿、其身、其脸，皆露水外。石头发白，缺乏滋润。二十七年不至散关，清姜河的水少成这样，谁无忧患？

有一种观点认为，清姜河就是姜水，神话时代的姜族部落便生活在姜水一带。炎帝出于姜族部落，所以炎帝是曾经生活于姜水一带的，也正因为炎帝及姜族部落在这里劳动和繁衍，遂有姜水。历史是复杂的，甚至是会遭到篡改的。有的事情虽然不见诸历史，它仍可能是真的，它发生过；有的事情尽管在历史上大显特显，它也可能是假的，它并未发生过。历史的复杂在其真假交织，这决定于是谁，并为何所修。

经一位老师的指点，我缘姜水寻找，进入了姜城堡。姜城堡是姜氏城的演变，1764 年的方志曰："姜氏城，县东南五里，姜水东南涯有遗址。"此县指宝鸡县，而宝鸡县则在 2003 年撤销以后，置换为宝鸡市陈仓区。无论如何，姜城堡总是一个存在。遗憾我进入了一个空村、一个空镇。已经决定拆迁姜城堡，人都离散了。初秋的阳光还满是季夏的亮度，寂静的姜城堡，凡街道、院墙、屋顶和门窗，皆一片灿烂。

考古发现，在姜氏城遗址出土有石器和陶器，应该属于仰韶文化。这是否是姜族部落在此生活遗存的文物，有待专家告知。

散关曾经发生战事七十余次，我经常想到的是，刘邦接受韩信的建议，明修栈道，暗度陈仓，一举占领了关中。我还能想到的是，吴玠和吴璘以其勇敢和谋略打败了金军。当然，这一攻防战以后，散关也成了金和南宋的分界。

武关

从西安至武关，只有一条路，那就是翻过秦岭。自蓝田开始，经过商洛和丹凤，汽车一直在山区行驶。风景当然是美的，不过，当汽车忽然要转成一个直角俯冲过去，而且两个轮子，一个冒失地掠过峭壁的巉岩，另一个惊险地碾着悬崖的边沿，那会儿，你就不会注意风景了。你的心高高悬起，你默默地祈祷司机不要大意，不要瞌睡，不然，差之毫厘，汽车便要掉进沟壑，摔得粉身碎骨。旅途危险而遥远，我坐了整整十个小时的汽车，才进入武关。这时候，天已经黑了。

我对武关的印象是深刻的。我跳下汽车所感觉的那种清澈的凉意，难以在别的地方体验。路两旁的高大的树木似乎并没有摇动，仿佛没有刮风，不过凉意沁人心脾，会使人神志清醒，疲劳消除。我迈着轻捷的步伐，走在寂静而黑暗的树木之间。在阴影笼罩的一些小屋，主人悠闲地在做着什么，灯光将他们的影子拉长或缩短。我的足音是急促的，鞋底摩擦地面的声音，穿过潮湿绵软的夜雾，传得很远，可它却不能融入河水的不舍昼夜的流响。秋夜的月亮嵌在狭长的天空，这天空是区别于城市那种混浊的天空的，它简直像是一块蓝色的宝石。山坐落在润腻的夜雾之中，山的峰峦将天空勾勒成那种狭长的形状了。我所感觉的凉意，一定是浸染着月光和水汽，否则，它不会那样天然洁净，妙可神会，不可言传。

我很幸运在这里碰到一个姑娘小燕，她在路边一个小小的商店卖货，天很晚了，已经没有什么人光顾了，她便纳着袜底。我进去的时候，她正伏在青石柜台上穿针引线，神情很是专注。感觉有人来了，她才抬起头，我看到一双大大的眼睛望着我，目光好奇而天真。她问我是否购买东西，微笑着打量我，似乎为一个陌生人迟疑地站在她面前而不解。我拎着黄色的提包，风尘仆仆，那样子，显然不像当地人。我明白地告诉她，我是专程考察武关的，并且要让它进入我的文章，只是对这里不熟悉，希望她给指点一下旅舍。

她呆呆地站在那里没有反应，手里仍拿着她的袜底。突然那眼睛忽闪了几下，长长的睫毛随之跳动，脸蓦地红了。她羞涩地告诉我自己写了一些诗歌，要我给她看一看，竟回避了旅舍的事情。她十八岁，高考落榜，由于成绩不错，得以在附近一所小学教课。她似乎对一切都很满意，一种蕴藏着的幸福之感，像光一样从云缝之中照射而出。她的头发梳得非常整齐，衬衣的白领翻在红色的毛衣外面，背着灯光，俨然一对白色的蝴蝶栖息于红色的牡丹之上。一件普通的方格子上衣，她穿着很是得体，没有一条褶皱。她等待着我的回答，然而，我的目光一瞬之间飞到她身后的货架上了，那里满满当当的全是钉子、螺丝、灯泡、手帕、肥皂、碗筷之类的生活用品，日子久了，货架上蒙着一层厚土。灵秀的姑娘从杂乱的货物之中浮现，她红红的嘴唇微微张开。

她希望我能认真看一看她的诗歌，这是我没有料到的，不过这很便当。她拿着袜底，一个转身，便从柜台里面走出来，门也不锁，灯也不熄，领我到她的家去。隔着公路，树木之间透出一片光亮，两扇柴门洞开，一个中年妇女走了过来，眼睛在暗中闪烁如晶，那是小燕的母亲，她默默地去了商店。这样的习惯对我并不习惯，我半信半疑地走进小燕的家，经过空空的堂屋，到了她的闺房。

灯光从墙上的白纸反射过来，她的闺房浸染着一种温热，尽管窗子向公路敞开，风从树林挟带着秋夜的轻寒与河水的微凉，不过我在这里感到的多少有一点暧昧。如果窥探我内心，那么我知道，自己确实没有到此偏僻之地浪漫一下的念头，这反而隐隐构筑着我的提防。对人性之恶的认识，已经使我在任何地方都不能完全放松了。我当然也知道，以灰色的思想对待一个纯真的姑娘，是多么不公和无理，然而我不能不提防自己掉进伪诈的陷阱。小燕是兴奋的，她让我坐在床边，给我倒水，接着她自己坐在桌前的椅子上，拉开抽屉，取出她的诗歌让我看。其间，她的母亲悄悄进来，将一盘花生放到我面前，随之，她的父亲默默进来又默默出去。他是一个身体精瘦而脸庞粗糙的男人，走路几乎是无声无息的，不像她母亲那样暗中藏着潇洒。

小燕的诗歌清新而忧郁，丰富的意象和浓郁的情绪扑面而来，而且涂着一层淡淡的初恋的色泽。这使我惊讶，我暗暗感慨武关孕育了她的灵性。她的那些诗歌都写在小小的纸片上，用红线订成一册，我不由自主地从纸片上抬起眼睛，偷偷看她，她埋下头，深情地继续纳着袜底，仿佛是为了不干扰我。压在桌子上的明净的玻璃板，映着她的半个身子，一种幸福的感觉流露在她的举止之中。

我如实告诉她对诗歌的印象，并问她这些诗歌是怎么写的，希望她珍惜自己的天赋，争取得到父母的支持，设法到西安去上学。没有学问和思想，才能终究会干涸的。武关自然很美，然而毕竟地方小了，要在现代社会从事文学艺术，狭隘和贫乏是不行的。这些都是我的肺腑之言，我不能对她敷衍，可她却继续沉默着，唯一的反应是，那种喜悦从心里洋溢到脸上了，她的两腮红得发热。小燕的母亲在黑暗的堂屋出出进进，我对她提出我的看法，想让她支持女儿继续上学，否则，小燕在这里就埋没了。小燕的母亲显然高兴，她的性格很是明快，但她却没有正面回答，我感觉，她并没有要女儿上学的意思。

我描绘了小燕可能有的一种前途，目的是让她动心，然而，她只是重复了自己的意思。她的声音在黑暗的堂屋疲软得没有硬度，之后，她就走了。对此，小燕仿佛处于局外，竟然没有表态。她依然缝着她的袜底，那上面开始出现了荷花的雏形。我难以理解其中的谜，遂继续翻着她的诗歌解除我的尴尬，并考虑怎样离开她的家，为自己寻找住所。

这时候，小燕才告诉我，这些诗歌是她的男友写的而不是她写的。她的头没有抬起，反而更深地埋下了。我睁着诧异的眼睛望着她狡黠的后脑，那里乌黑的头发整齐地辫在一起，显出了她的精明。显然，她的花招只是为了让我认真看一看这些诗歌而已，也并无别意。如果我开始就知道这是她男友写的，那么可能就不会仔细看了，这是她的担心。我完全理解她的假托之举，而且我发现了她纯真的爱，这爱一下照亮了黑暗的武关之夜，使我顷刻之间解除了所有的戒备。我觉得待在她的闺房里一下变得舒坦而安然了。一颗恋爱的心，使这里显得多么干净和整洁，挂历、牙刷、茶具，一切都放在恰当的位置，它们足以证明一位山区姑娘对生活的热烈向往，这种向往的激情是她的男友给她的，而且她赏识他，那些诗歌，当然也寄托着她的希望和他的希望。可以猜测，那正做的袜底，是给他的，她用古老的密密麻麻的针线，表达着她的爱。一旦将她的秘密泄露出来，她就没有了掩饰，没有了拘谨。她在灯光下抬起头，那水灵的眼睛一顾一盼，满是妩媚。她的男友是她的高中同学，他和她一样，今年都没有考上大学，不过他立志从事文学。他白天荷锄，黑夜伏案，那些诗歌就是最近写给她的。

人在高兴的时候，是乐于帮助人的。此时此刻，小燕便处于这种状态，她要带我考察武关的城墙。我与她遂沿着沉寂的公路走着，那条在夜雾之中流响的河水，偶尔会闪出一段白光。它从朦胧的笔架山下走过，呈弧状绕过武关。武关是从莽岭山下延伸而出的一个台地，大约明朝末年，商洛出现了一次瘟疫，逃荒的人安营到这里，便渐渐形成一个村子。但它作为关中的要塞，却形成于战国初期。我和小燕踏着清冷的月光步入村子，河水的白光消失于身后，我看到了一条古老的街巷。街巷空空蒙蒙，没有一棵绿树，也没有一条游狗，月亮悬挂于一带蓝色的天空，安安静静的街巷铺满了霜与沙。房屋向街巷簇拥，屋檐下面都是板门。有人在吃饭，有人在干活，我从街巷走过，可以很清楚地看见他们，他们都好奇地盯着我和小燕。牙牙学语的稚童，坐在石头上叫着；嗷嗷待哺的幼婴，偎在女人怀里拱着；几个挂着书包的孩子，聚在一起拍着用纸折叠的包子。街巷没有笑语，也没有欢闹，那些在房屋的灯光之中活动的身影也全是无声无息的。然而，刚刚越过街巷和房屋，一片郁郁的树木与苍苍的峰峦便突兀而出，我感觉它们深不可测。

完整意义的武关应该是：沿着台地筑起一圈坚固的城墙，河水环绕城墙流过，这样，在城墙里面防御侵袭的敌人将非常有效。武关向着河水的三面开着大门，没有大门的一面，恰恰是山。这弹丸之地，实际上成了一个咽喉，曾经是连接秦国和楚国的唯一通道。秦国消灭楚国，必须经过武关，而且这种消灭有一个过程。史记，公元前299年，秦昭王邀请楚怀王到武关来结盟，楚怀王赴约，不过这只是秦昭王的计谋，结果是将怀王扣留起来，当作人质，终身囚禁于秦国。过了半个世纪，嬴政执政，他的大将王翦为之消灭了楚国。当时王翦率兵六十万，为了不使嬴政疑心他有异图，王翦出征之前，要求嬴政给他很多好田好屋，行至武关，王翦还特意派遣使者到咸阳，催问给他准备得怎么样了。做了这种种工作之后，王翦才猛攻楚国。作为关中的南门，武关的战事是频繁的，我大体知道这些情况：公元前208年，反秦义军首领陈胜，派其大将宋留领兵进入武关，接着，刘邦率兵攻下武关，占领了咸阳。公元前154年，诸侯谋反，汉景帝以周亚夫为太尉从武关而出，平息叛乱。公元24年，赤眉义军在樊崇和逄安的率领之下，自武关到关中。公元193年，吕布经武关到南阳，制止李傕一伙犯上。公元763年，吐蕃侵入长安，郭子仪往商洛发动武关防兵，收复长安。公元884年，黄巢义军溃败，从蓝田进入商山，并从武关退去。公元1328年，燕铁木儿迎立怀王，遣兵驻守武关。

我将这些一一告诉给站在城墙上的小燕，月光之下，她的眼睛热情地闪烁，并反复叹息自己的男友不在这里，他在这里就好了。我望着缓缓流淌的武关河水，它闪着白光，飘拂而行，两山之间，唯它有声。武关是没有狗的，在这样的地方没有狗，我很是奇怪。这里的城墙并不高大，风雨已经将它削弱得很矮了，那些从城墙两边盖起的房屋，在秋夜之中似乎要淹没了它。城墙上生长着茂密的草木，小燕用手将它们扒开，为我开路，她反复叮咛我注意，担心摔了我。她纯真的嗓音消失在绵绵的雾中。在她为我开路的时候，偶尔有凝结在草木枝叶上的露珠洒在我的手上，它的清凉实在鲜润。不过那时候，我站在武关的城墙上，忽然感觉沉重，我祝愿那个陌生的青年能够成功，盼他不要打碎了一个姑娘美丽的梦。我将自己真诚的祝愿，投入武关的秋夜。我看见河水驮着月光奔流，白雾堆满了山川，这个古老的要塞一片宁静。

我是在一个小小的客栈过夜的，小燕带我投宿这里。难怪她一直不提旅舍的事，她是有把握的，这小小的客栈，为她的三叔所开。她为我敲门的时候，那里的房屋都黑了，街道没有一个人，小燕喊醒了她的三叔，她湿润的嗓音，响彻客栈周围的树林。给我安排了住处之后，她便挥手走了，她的穿着花格上衣的背影，消失在凉意若沁的秋夜之中。她明天有课，清晨必须早早赶到学校，而且她想立即把我对那些诗歌的评价告诉给她的男友，她对他是那样地深情，那样地寄予厚望。她初恋的心仿佛是星光倒映在流淌的河水上。

简陋的客栈放置着五张板床，三个司机互相攀比他们的鼾声，空气中的酸味臭味烟味，还有身体散发的温热在交融和发酵，但窗外的秋夜却满是清风和明月。我经过很长时间的昏沉而入眠。我睁开眼睛的时候，天已经亮了，核桃树的叶子摇曳在窗外，偶尔有问答之声，并有汽车从公路经过。那些辛苦的司机当然走了。我给小燕的三叔付了钱，立即离开客栈，我想上山看看武关。

武关的居民在默默劳作，所到之处，无不是忙碌的身影。妇女在公路上晾晒谷物和豆类，她们的衣着，有的褴褛肮脏，有的也时髦洁净。很多男人在田野掰折玉米，那些干枯的玉米秆子茂密地立在起伏的田野，从而到处响着玉米棒子断裂的声音。男人将玉米放进篓子背到家里，然后登上梯子，拴在院子的树上。村子的树几乎让金黄的玉米占满了，红叶与灰瓦之间，金黄的玉米分外妖娆。蓝色的炊烟轻轻地升到天空，不久，这些炊烟就软弱地消失了，天空依然那么清纯。宁静的阳光之中，不知从谁家响起的鸡鸣，飘荡在葱郁的山间。男人蹚着冰凉的河水，背着篓子和自己的妻子。妻子是丈夫的帮手，在田野里，她们跟着丈夫踏踏实实地收获，丈夫不想让她们受寒，来回都背着她们。雾已经从河道蒸融了，白光闪闪的河水悠然而流。这些都是我在山上所见的。我走过皮绳似的瘦小的斜径，爬到山上，在这里，我呼吸着鲜润的空气，并久久地望着武关，我希望看到那个生长了草木的城墙，秋夜的露珠曾经在那里浸染了我的手。然而我没有看到，树枝与房屋完全淹没了它。

武关村牌

从武关到西安，只有一条路，那就是翻过秦岭。人类的祖先，在相当长久的岁月所依靠的是马匹，难以想象，那是多么缓慢。汽车是先进的工具，然而，它行驶在秦岭，并不是一路顺利。没有一点冒险的精神，是不能在秦岭奔波的。我到武关去的时候，汽车在麻街岭忽然冒烟，烧焦的橡皮的气味呛得人都在流泪，司机紧急刹车，并对乘客大声疾呼赶快下去！我是翻窗下去的，好在那只是油管断裂，没有遭难。我回来的时候，汽车在铁峪铺突然撞树，剧烈的震动将那个昏睡的司机惊醒，尽管如此，也没有人提出抗议。乘客都悬心吊胆而沉默，因为汽车仍得由他驾驶。事情就是这样：你要在这危险的道路旅行，你就得有丧命的准备！

朱按：此文作于 1993 年

三登武关

三登武关，无不感慨连连。

武关临水，夹两山之间。水是武关河，其北傍少习山，南望笔架山。

武关之所以成为要塞，就在于它择少习山的一个岩麓，沿岸筑墙，围墙做城，而水则绕其城而过。这样便堵住了两山之间的空隙，秦楚往来，必叩武关。在军事上，永远是守城容易，攻城难。

不过凭山河之险，重兵严防，以经营攻城难的体统，也往往是相对的。公元前 206 年，刘邦便率一队农民穿越武关，进入关中，占领了咸阳宫。非武关不固，是秦溃烂了。

1993 年，一阵秋风吹我到了武关。下车已经是深夜，地方又颇为陌生，不过武关村的一个姑娘还是带我看了武关。她情况熟悉，遂领着我城里城外地走。战国以来的要塞，到处都是屋舍，住着人，然而东墙、西墙和南墙的轮廓仍在，并呈现着要塞的形制。尤其是南墙，尽管风雨剥蚀、运动摧毁，已经非常低矮了，不过它还是墙的样子。我站在墙上，见武关河蜿蜒潺湲、星光闪闪，不禁思接先世。我想，前后皆为峰峦，且水环三墙，武关的设计和建设确乎是高妙的！

2002年，中央电视台要拍摄武关的纪录片，基于我对武关有所调查，便邀请我参加活动，我就又到了武关。到底是春天，山水一片清明。当此之际，我想起了1993年带我夜游武关的那个小燕。摄制组对这件事情兴趣甚大，竟鼓动我找一找那个姑娘，他们当然也要跟着。见到了小燕的母亲，可惜得到的消息让人喟叹，因为她早就结婚了，也生了孩子，这都很正常，唯她的丈夫不到三十岁竟遭车祸殁了，使人感到命运的莫测和不定。那天小燕不在家，往西安去打工了。小燕天真、单纯、思无邪，遂能在晚上陪我看武关。这是20世纪的事情，人与人还是信任的，今天已经不可能了。我依然，但小燕却进入了历史，并渺渺而逝。

2002年我至武关，不仅发现这里失去了浑然之中的宁静、自成一体的满足，而且由于时代的冲击，陷入了恓惶。不仅小燕出去打工了，似乎青年多出去打工了。武关有一截孤立的墙，高逾三丈，上尖下宽，显然是残存的遗址。它耸于巷口，吃饭的时候，有几个农民蹲在墙根端着碗用餐。看起来他们也就是四五十岁，有的还更年轻一些。不知什么缘故，这些人并未出去打工。他们留在武关村种地或养殖，其收入是否能够致富并追上时代的步调，也未可知。

在距第一次二十六年，距第二次十七年以后，我三登武关。

我在朱雀路乘西安至商洛的车，再在侯塬村乘商洛至商南的车，下午2点20分到了武关。这一次用了四小时至武关，比第一次少了六个小时，比第二次少了四个小时，是因为过去的公路沿水顺山，多是弯曲，又上上下下，而现在的公路则跨水穿山，以隧道和桥梁相连，都是直的。科学提高了速度，不过人类并未减少自己的忙碌。

太阳大晒，武关正在午休。胡桃树枝繁叶茂，有蝉长鸣，不过312国道两边的店铺都闭着门，唯武关村或武关镇的一家餐馆在营业。我饿极了，便在此吃了一碗面条。男主人烹饪，女主人用一团黑抹布擦着桌子，他们的孩子在玩手机。一家三口，接待了我一个人。他们从容地操作，我也从容地进餐，之后踏着火一般的阳光登武关。

我偶尔会想到一个问题，一旦来到武关，此问题竟如池水一泓，见风便起涟漪，我又想到了。公元前299年，秦昭王邀请楚怀王赴武关会晤，以结联盟。不料楚怀王遭虏，只得随秦吏卒到咸阳来。秦昭王强迫他割地，划楚国的巫郡和黔中郡归秦国。楚怀王不干，秦昭王便拘留了他。秦昭王如此对待一个国君，何止不义，何止没有诚信，何止丧失诸侯国之间往来的基本原则，这简直就是欺诈，是流氓行为。诸侯国指责秦为虎狼之国，应该是有道理的。也许正是因为秦的如此本质，如此的思

武关镇过去的街道

想意识，它才二世而亡吧！

总的印象是武关处于持续萎缩之中，这也是我所困惑的。作为一个战国时代的隘口，除了少习山或莽岭山向前延伸的台地没有发生根本变化之外，武关之城，武关的东墙、西墙和南墙都在剥蚀并颓塌。它的东关拆掉了，西关也拆掉了，这就丢了城的形制。农民盖房，一再向武关三墙逼近，房比墙高，也就湮灭了它的墙。

我找到了还在巷口的那一截孤立的墙，它显然也更砭削了。出于保护的目的，那一截墙已经用红色的瓷片包裹起来。这使它不伦不类，然而责任不在包裹它的人。这是武关遗址，应该用保护遗址的标准，像保护天下所有遗址一样保护它。可惜它在秦岭南坡重峦叠嶂之中，似乎并没有引起责任机构的足够重视。

实际上可以证明武关历史的，还有一些文物，它们都出土于斯。在武关曾经发现汉窑三孔、汉墓一座，还发现有瓦当、铜鼎、铜钫、铜剑和铜矢。1956 年，有人在武关小学取土，竟发现了汉五角形陶质水管。若有一个小小的房子，收集、保存和陈列这些文物，也是一种善举，或是尊重文化的表现吧！

武关河仍在绕着岩麓而流，只是水浅，听不到它的音响了。河床透明，可以看到青草、黄泥和黑垢。黑垢像凝结了一样，我不知道黑垢是什么污染之物。黑垢一团一团，夹杂在青草和黄泥之间。

1993 年白霜似的洒满月辉的那条街道，在这天是一半明亮的阳光，一半幽沉的阴凉。几位上了年纪的男女，坐在一家门前聊着什么，有的还不紧不慢地摇着扇子。我左看右看，以选屋舍、窗棂或石刻照相。他们盯着我，仍是以 1993 年的好奇的眼睛，只是目光冷漠了。我并不在乎什么眼睛和目光，我惆惋的是生活的气息似乎从这里消失殆尽了：这里没有稚童，也没有幼婴，更没有年轻的喂奶的妇女。这里还像以前一样没有树。屋舍还在，不过其门几乎都锁着，其窗棂都旧得昏暗了。院子空空荡荡，街道空空荡荡。

312 国道过去从少习山下穿过，实际上是从武关穿过。现在，312 国道改为从笔架山下穿过，也就是从武关河对面穿过了。也许这将有利于武关村提升为武关镇吧！但愿此举更有利于保护武关遗址。武关故道，显然是 312 国道的基础。312 国道离开武关，循笔架山下而行，应该是自秦岭形成以来一直没有发生过的情况。这是人类纪的一种表现，也是人类纪的一个象征。

我重返少习山下的 312 国道，武关已经睡醒了，店铺也一一开张了。有一个人在路边挖渠，手握铁锨，一下一下铲土，使劲狠然。见胡桃树长在路边，葳蕤蓊郁，显然不属于武关本土的植物。

“请问胡桃树什么时候栽种这里的？”我问。

“你问对了！我就是武关镇人。1958 年栽种的！”挖渠人爽快地说。

之所以从少习山或莽岭山向前延伸的台地没有发生根本变化，是因为武关，或武关村、武关镇，都凭此台地而存在。

峣关

一会儿是峣关，一会儿是青泥关，不容易明白，遂登峣山。峣关也罢，青泥关也罢，皆在峣山上。

峣山也就是青泥岭，不过峣山早，青泥岭晚。峣山西段所在的王村沟之域有高岭土，非金属矿产，用于造纸、烧陶和制瓷，也是耐火材料，水一和，便柔软润滑如青泥在握，易于造型，遂使峣山衍以为青泥岭了。

峣山在蓝田县东南方向，介居于蓝谷与辋谷之间，走蓝武道由此穿秦岭而至商於，显然颇为重要。

在峣山上踩着一个顶点，向西安市蓝田县望过去，只见阳光与雾气之中有一片建筑，是错落的高楼与平房，仿佛一堆积木。它以政府机关为中心的城区也够广阔了，走在街上，甚至难免会有淹没之感，然而换一个角度呢？峣山的海拔尽管才一千余米，不过在它的顶点上俯察城区，伟大的也就变小了。

蓝田县的大体形势是，在其西北方向有一条灞河，有一个白鹿原。灞河源于秦岭，游游荡荡，投入渭水。实际上白鹿原也是从秦岭引申而出的，只是它土化了。不过无论如何，谁都会感到它雄踞的力量。

公元前379年，由秦献公批准，秦国置蓝田县。十年以后，还封了蓝田君。我在想象中确定它的治所，因为今之蓝田县是6世纪由原址迁至现址的。我的视线向远方摇移十里、二十里，乃至三十里，茫然一片，问：原址在哪里呢？结果当然是没有的，遂收敛目光，落在今之蓝田县。

今之蓝田县曾经是一个屯兵之地，其曰峣柳城愁思塠。资料显示，这里一再发生战争，可如今其痕迹已经尽净，这难免让我慨叹岁月之无情。峣柳城就是青泥城，也许是因为它靠近青泥岭的缘故吧！青泥城在今之蓝关街道营上村，古者为北城子。总之，峣柳城、青泥岭及今之蓝田县，在地理上可以归为一个单元。

当秦国置蓝田县之际，甚至更早，就设了峣关，然而它并不在今之蓝田县一带。

峣山呈东西向，绵延近乎三十里。峣关在峣山东段，今之蓝桥镇蓝桥河村以南。变化是这样的：先有北周的宇文毓为皇帝，将峣关移至峣山西段，青泥城侧，遂出现了青泥关。接着是北周的宇文邕当皇帝，其在公元573年，将建置近乎千年的蓝田县之治所，从三十里以外的原址迁至峣柳城，也就是青泥城。其附近是青泥关，青泥关便随之转化为蓝田关，再转化为蓝关。三十多年以后，隋炀帝执政，大约是公元605年，决定撤销青泥关，恢复峣关，是指把北周的青泥关再迁至峣山东段，以还秦国的峣关。这不涉及蓝田县，它还在峣柳城或青泥城一带，至今。

虽然峣关的军事和行政功能从隋开始重新发挥，不过可以称它为峣关，也可以称它为青泥关，因为它们都在峣山上。称其为蓝田关或蓝关，是一种习惯，也合情合理，因为它在蓝田县辖区。隋唐以降，显然称蓝田关或蓝关的多，称峣关的少，称青泥关的更少。韩愈诗云："云横秦岭家何在，雪拥蓝关马不前。"一经这样的传播，蓝田关或蓝关遂覆盖了峣关和青泥关。

清楚了，就往峣关去看一看吧！选择的是出峣关的方向，遂自西向东行。

只顾看云，蓦地便到了鸡头关。虽然是水泥路，不过道狭多弯，崖削壑森，也需要特别注意安全。有危岩高耸，状似一鸡引吭而鸣，此乃鸡头关的标志。刘秀追王莽，蝎子挡关，有鸡义气，吃了蝎子，但鸡却遭罚凝成了石头，当然也成了一个纪念，并非史实，不过文化如此。

过了乱石岔，遂是风门子，其面向夕阳，更迎着风。在别的地方也感到风吹，不过风门子的风十分强劲，人必须猫着腰才不会被吹倒。尽管如此，风冲击到身上也像拳头捶在身上一样。白石嶙峋，草生缝隙，遂免风摧。古木在坡，风便压其头，

风门子

折其枝，气喘吁吁，狼狈之至。

经蟒蛇湾，进了六郎关村。这里低，风绕过了此地，也算饶了此地。不知道这里怎么就是六郎关，一个老者隔着矮墙说：“杨六郎带兵驻扎这里，所以是六郎关。”又说：“1958年，修建峣山公路，把峣山巅錾低了。”

沿路零散地住了几户人，男女齿历皆衰，有的白发苍苍，不过多是神情怡然。柴门小狗，鸡窜菜田，六郎关村充满了隐居生活的宁静。

十二箏坡细长且陡，左右两壁对峙相夹，谓之箏坡关。盘绕迂回，不过终于出了峣山。暮色之中，有豁口含烟，便是峣关。

我在蓝桥河村旁见到峣关遗址，312国道也经过这里。屋舍俨然，汽车往来，攻守之势一点也没有。我真是若有所失，不禁向秦岭摊开了两手。蓝桥河村一个戴草帽的长者说：“峣关过去还有牌楼呢！”一阵咳嗽，就打断了他的意思。

秦施苛政，迎接它的只能是天下群起的反抗及悲惨的覆灭。

公元前206年，刘邦率众从东南而来。能臣郦食其和陆贾会晤执勤武关的秦吏，啖之以利，秦吏便放松了警惕。见诈术有效，刘邦就下令打，武关遂破。

奔流秦岭，峣关在望。破了峣关，便能到关中，问题是如何破峣关。秦子婴知道天下板荡，已经指示秦军严守峣关。刘邦打算用二万兵攻夺，张良说：“秦军尚强，未可轻。”是主张智取的。他一边巧布疑兵，遍插疑帜，一边派谋士约秦将，动员其反正。秦将既见刘邦队伍浩大，又闻刘邦予以优厚待遇，且得到了谋士所送的重宝，遂叛秦，表示愿意随刘邦的队伍一起打咸阳。刘邦甚是高兴，表示欣赏。不过张良分析，秦将反正，不等于秦士徒也会反正，如果秦士徒不从，便危险了！张良的建议是：趁秦军处于懈怠状态，迅速讨之。刘邦引兵开战，峣关遂破。

出秦岭，在蓝田县以北遭遇秦军阻击，不过秦军很快就涣散了。刘邦至霸上，秦子婴向沛公投降。

刘邦登上历史舞台，全靠其团队的支持！

晋室南渡建康，今之南京为其京师，不过朝廷虚弱，又有大臣觊觎黄钺，基祚并非平安。虽然如此，晋室仍存收复中原之志，遂一再北伐。

苻健，一个氐人，在公元351年自称天王，大单于，拜百官于长安。公元352年，即皇帝位，国号秦，前秦也，这当然是不可以的。

公元354年，晋穆帝执政，晋将桓温率军自江陵出发，水陆并进，以灭前秦。桓温命梁州刺史司马勋从子午道赴关中，协调行动。桓温又命别将薛珍入淅川，攻上洛，今之陕西省商洛市的商州，俘获前秦荆州刺史郭敬，占领了青泥一带。前秦士徒割麦清野，以断晋军的粮食。苻健遣精兵以击桓温，而自己则率羸兵固守长安。苻健的太子苻苌率众五万，布兵于峣柳城愁思塠。苻健的三子苻生杀桓温部属应诞和刘泓，伤亡以千计。

崤关古道西段

苻健之弟苻雄与桓温之弟桓冲相战白鹿原，桓冲败。苻雄又袭击司马勋，司马勋退至女娲堡，顷还汉中。桓温进至霸上，关中少长便带着酒肉慰劳晋军。他们非常激动地说：“不图今日复见官军！”关中人虽然生活在前秦统治之下，不过他们认的还是晋室。

桓温的队伍毕竟粮食短缺，北伐止于斯，遂徙三千余户而去。不过有桓公堆矗立，这也是文化。

姚苌，一个羌人，在公元384年自称大将军、大单于。公元386年，其在长安即皇帝位，改长安为常安，国号大秦，后秦也。至公元416年，姚泓当了皇帝。不过叛乱频频，局势晃动。

有刘裕者，彭城(今之江苏徐州)人也，素具龙势虎志。到公元416年，不仅早就展现了杰出的军事才能，而且晋室的大权已经紧握，遂决定北伐，以灭后秦。他的战略是兵分数路，先平洛阳，再平长安。

晋将沈田子和傅弘之兴师襄阳，至公元417年入武关，旋即屯兵青泥一带。此间，晋军既克洛阳，龙骧将军王镇恶也已经进至潼关，接着刘裕也到了潼关。

情况危急，姚泓如何应对呢？他打算调动重兵排山倒海般地东征，以抵抗潼关的晋军，可是考虑晋将沈田子和傅弘之在青泥一带的队伍，怕其斩后，遂又命士徒进至峣柳城，决定先灭沈田子和傅弘之，再东征晋军。姚泓遂领精兵数万，奄至青泥一带，希望迅速歼之。

沈田子和傅弘之的队伍实际上只有成百上千，属于疑兵，是虚张声势的，然而沈田子智勇皆盛，还是想打姚泓。傅弘之认为，敌众我寡，不可。沈田子说：“师贵用奇，不必在众。”又说：“及其未整，薄之必克，所谓先人有夺人之志也。”取得傅弘之支持以后，他便鼓舞其卒说：“诸君捐亲戚，弃坟墓，出矢石之间，正希今日耳。封侯之业，基在此乎。”乃抛食毁舍，率士徒左右奔突，前后拼搏，虽然敌众也一时溃败。沈田子杀伤万余，缴获姚泓乘舆及别的器物。遗憾姚泓退至霸上，跑了。

此间，王镇恶入关中，克长安，后秦亡矣！

刘裕至长安，收取后秦彝器、浑仪、土圭、记里鼓和指南车之属，送往建康。也送姚泓至京师，斩其首。也许刘裕在长安还应该有所作为，可惜总揽朝政的刘穆之突然逝世，震惊之间，刘裕返建康。

治理关中的有功之臣沈田子杀了王镇恶，刘裕的儿子刘义真又杀了沈田子，之后刘义真闭其长安而固守，因为北方群雄多在问鼎。

当是时也，匈奴人赫连勃勃率兵而来，刘义真遂东逃而去。赫连勃勃占领了长安，但他却不在此即皇帝位。塞上有他的统万城，已经竣工了。

获悉晋军还有队伍在秦岭北麓，赫连勃勃便命大夏将王买德解决。王买德率众奔至青泥一带，擒得晋将傅弘之、蒯恩和毛脩之。王买德杀了他们，还堆积其头颅以为京观。

潼关

潼关古为桃林塞，大约到了春秋战国时代，此地才形成一处隘路，这当然是出于军事目的。我曾经有几次经过潼关，只是由于我坐着火车或飞机，它给我留下的印象遂很是模糊。实际上这是一个能够强烈震撼灵魂的险要地方。潼关是突如其来站在我面前的，它复杂而凶恶的形势，我简直难以消化。我独立一隅，茫然如一只蚂蚁处在老虎的爪子之间，它张着巨大的长满坚硬牙齿的嘴粗重地呼吸着。不过，潼关之所以重要，是因为它为关中的东门，这里可以守卫关中，即使在今天，它依然沟通从连云港到帕米尔高原的广阔地域。最早在这里设置关隘的是秦国，此举潜藏了秦国的雄心，可以认为，在它刚刚立足关中的时候，它就有了消灭其他六国的思想。

我以为潼关的险要，是黄河在这里接纳了渭水和洛水，并趁着它奔下壶口又跳过龙门的势力，远远地从高原的沟壑冲泻过来，从而碰撞秦岭，转身向东，愤怒地切割着高原，使自己有了巍峨而起伏的沿岸。这些沿岸过去树木葱茏，野兽出没，为一种荒蛮的阴森的气氛所笼罩，但现在却成了赤裸裸光秃秃的黄土。

清晨的阳光，照耀着寂静的黄河两岸，对面高原的断壁，稀疏地长着一些黑色的杂树。这是四月的春天，树叶仍躲在缺少水分的枝枝杈杈，那里显得十分贫瘠，如果不是风陵渡设在半坡，使旅人一批一批地出现在一条曲折的路上，那么这里将更为荒凉更为冷漠。对面是山西的芮城，一水之隔，这里就成了陕西的潼关。潼关曾经拥有将近十万人口，20 世纪 50 年代末期，要在黄河修建水库，这里的人几乎都迁移了，但县城的废墟却依然存在，那些残破的城楼和城墙，依然一段一段地耸立于高原的悬崖，并一直默默地目睹着滚滚的流水。空旷之地，宽阔的黄河似乎是无声无息的，其实不是，它将巨大的声息消融在高原和天空了。高原已经在流水的推压之下，遥遥地退去了，可无边无际的天空却飞翔在黄河的壑口，那里迷蒙着湿润的水汽，金光似的芳香一缕一缕在风中蒸发，如果不是看到片片菜花种植在平坦的沙滩上，那么我可能会认为是谁给黄河调了明亮的香油。黄河当然没有那么温柔，它铜汁般的泥水，铺陈在两岸之间，每旋一个涡，每起一排浪，都似乎在它的水面制作了一个褐色的神秘的浮雕，敲之有音，摸之有刃，仿佛满是兵器。黄河就是以这样的形象走过潼关的。

潼关兴旺的时代已经过去，尽管它的废墟仍然住有一些人家，不过整个县城显得空空荡荡。古老的房基和陈旧的墙壁，偶尔将它的残片展示在阳光之下，它们往往为枯萎的蒿草所覆盖，经过一段时间，翠绿会浸染它们，但它们却永远不能遮挡这里的衰败。到处都是挖掘之后的土堆，到处都是破碎的砖瓦，那厚重的砖瓦，完全风化了坚硬的岁月，然而也凝结着沧桑之色。如果将它们一块一块地排列起来，那么它们一定可以成为注释历史的辞典。硕大的老鼠受了惊吓，突然从什么地方钻出来，睁着乌黑的眼睛打量着皱着眉头的我，然后放心了似的，慢慢爬进悬崖的缝隙，其缝隙竟像黑暗的绳索一样，弯弯曲曲地拉向黄河。那条著名的东西走向的古道，静静地伸展在潼关，一端连接县城的东门，一端连接县城的西门，高耸的城墙和狰狞的沟壑将它夹在中间。它仅有五步之宽，车不能停双轨，马不能并骑，而且在没有月亮的夜晚，有士兵打着火把巡逻，显得多么恐怖，多么森严。虽然这一切现在都消失了，然而我行走在这里，仍感觉到一种悚然。巨大的青石，一块拼着一块，组成一条阴冷的石路，我透过刚刚萌芽的草叶和隐隐涂抹的雨痕，寻找着烙印其中的铁骑和脚步。可我获得的却是沉寂。两边的杨树挂满了绿色，枝丫摇曳在安谧的天空，青石之上，洒落着斑斑光影。

在潼关的南门之外，是一级高过一级的台塬，它们像波浪似的，一层一层延伸到秦岭之中。正在返青的小麦，生长在精耕细作的梯田，偶尔有一棵梨树和桃树，将它们雪似的白花与霞似的红花开放在和煦的阳光之中，似有似无的雾霭企图掩盖它们，又不能完全掩盖，便为之增加了一种朦胧的意象。宁静的沟壑，实际上曾经是用于军事的十二连城，风雨虽然将狼烟烽火熄灭了，但护卫潼关的堡垒的基座却依然在那里拱起，它的土是灰白的，显然是经过了特殊的处理。悠悠的岁月，竟不能使它改变，它光光的一片，硬是不生草木和庄稼。

潼关属于真正的兵家必争之地，史记，这里曾经发生过的战争多达四十多次，其中著名的有：

公元 211 年，军阀混战，曹操准备讨伐屯兵汉中的张鲁，割据关中和凉州的军阀马超与韩遂十分惊惧，便集合了十万士兵进驻潼关，企图阻止曹操。盛夏的骄阳之下，曹操骑着一匹白马，亲率大军迎战，黄河之滨，两军相对。曹操表面急攻潼关，但他在暗中却派兵渡黄河进入关中。他们立足平原之后，回头袭击潼关，马超难以招架，求和于曹操，随之曹操夺取关中。

公元 310 年，匈奴出身的刘聪正闯荡天下，他指使部将赵染进攻关中的王模。双方激战潼关，王模失败，赵染长驱下邽，占领渭南。

公元 755 年，安禄山起兵，率叛军从中原一路杀来，并渡过冬日的黄河，直扑洛阳。官军将领封常清与高仙芝毅然放弃其他地方，集中兵力坚守潼关，使叛军难以逼近。然而唐玄宗曲解其意图，竟派人杀害了封常清和高仙芝。安禄山在洛阳称帝之后，进犯长安，唐玄宗遂遣大将哥舒翰驻守潼关，并亲自为他饯行。在潼关，哥舒翰的策略是：按兵不动，据险固守，使叛军疲劳而分裂，之后出击。果然半年之久，叛军在那里徘徊而无可奈何。可恨杨国忠上谗言给唐玄宗，命令哥舒翰决战。哥舒翰久经沙场，知道沟壑之中有精兵埋伏，但他却不能违背圣旨，遂痛哭一场，带兵出击。虽然官军奋勇杀敌，不过还是兵败而丢失了潼关。消息传到长安，那里一片混乱，唐玄宗带着杨贵妃匆匆逃离。

公元880年，旨在推翻唐朝统治的黄巢起义部队到达潼关，他们旌旗招展，战鼓喧天。官兵胆战心惊，而且一触即溃，黄巢顺利地占据了唐都。

公元1127年，崛起于北方草原的金国步步南下，并迫使宋高宗赵构放弃开封，潼关落入金国手中。

公元1223年，成吉思汗的军队四面出击，蒙古将领木华黎占领长安，接着进攻潼关。尽管金国为此地而放弃了河北与山东，然而其地仍为蒙古人所夺。

公元1368年，明朝将领冯宗异攻破潼关，并打算平定陕西。已经登基的朱元璋得意地认为，潼关是三秦的门户，扼而守之，残敌当如穴中之鼠了。

公元1638年，李自成的起义部队在潼关遭到明军的包围。深秋的高原，野风吹拂，无数尸体横躺荒地，只有李自成一行十八将士幸免于难。他们踏着十月的白霜，退入秦岭，并从野山往商洛而行。

……

收起关于战事的记录，我感到潼关安静而萧瑟地坐落在流动着白云的天空之下，灰飞烟灭，偃旗息鼓，但黄河却一直向东奔泻，它强劲的水浪，世代冲刷着它的沿岸。

这一带曾经长满了芦苇，大雁四季都在这里生活，于是潼关就出现了一些以捕捉大雁为生的人。他们撑着小船，以潼关为中心，来回航行。夜晚，他们将小船泊在沙滩，居住于沿岸的洞穴，那是他们用自己的长刀刻挖的，里面铺着羽毛，点着油灯。到了黎明，一声口哨，人都爬了起来，然后，由一个首领向对面的芦苇放上一枪。在那茂密的芦苇中，有无数肥壮的大雁正在酣眠，忽然出现的枪声，将它们惊醒，在它们飞上芦苇上空之际，所有的枪都开了。枪响之后，黄河归于平静，那些狩猎的人重新睡下。天亮了，他们才将船摆渡到对面。他们看见广阔的芦苇之中，到处都是死了的大雁。这是半个世纪以前的事情了，现在，黄河两岸的树木已经减少，沙滩的芦苇已经殆尽，捕捉大雁的人已经无影无踪，苍凉的一片山河，除了我在游动，几乎没有其他的人。

不过，我发现了人所留下的新的印记。我看到在乌黑而平坦的沙滩上，生长了一片果树的幼苗，黄河将湿润的气息洒向它褐色的枝梢，催促着翠绿的闪烁。火车会钻出隧道，从横跨黄河的铁桥上凌空飞过。

尽管县城已经迁移，但古老的街巷却仍有烟火，偶尔穿过街巷的汽车或马车，将尘土卷起，然后落在低矮的房屋上。这些房屋几乎都是老式的，有板门、小窗，房脊饰有砖刻的鸽子，房檐吊着铃铛。可惜它们都为岁月压迫得歪斜了。蜘蛛罗网挂在窗角，麻雀的窝巢建在墙缝，而老人则抽着长长的烟袋，木木地坐在古礅上或柴垛上，用昏花的眼睛看着寥落的世界。这里依然是一个社会，只是这个社会含有更多的过去的气氛，含有更多的传统的情调。卖烟卖酒的，将自己的货物放在青石制作的柜台上，人坐在那里，通过圆形的窗口传递钱物。卖肉的将猪羊一分为二，悬在三脚木架上，腻腻的油抹得木架光滑乌亮，闪光的铁钩和屠刀悬在空中，主人系着肮脏的围裙，站在木架旁边等待客户出现。从板门走出的姑娘，将浓密的黑发扎成一个高高的髻，乜斜着眼睛望着你，不过你要看她，她却怪怪地垂下自己的睫毛，仿佛为心灵拉上了帘子，使你难以捉摸。

在昔日漫长的岁月里，潼关渐渐形成一个小镇、一个小城。守卫这个门户的将士，将自己的家安在这里，逃荒逃难的人居留在这里，甚至罪犯和贼寇，装扮成良民窝藏在这里，于是潼关就从荒蛮之中脱颖而出。

此地恰处陕西、河南、山西之间，互通有无，各取所需，都要在这里交易。在唐代和明代，潼关都出现过相当繁荣的景象，展示过富于个性的文化，而且有过独特的商业市场。在约

潼关的牌楼

定俗成的日子，这些日子往往是逢一逢三逢九，城东人赶着毛驴，将河南的药材、木炭、铁锅之类驮来，他们小心翼翼地爬上山冈，慢慢腾腾地走下土坡，然后从潼关的东门入城，这时候，人和驴都大汗淋漓，气喘吁吁。城西几百里平川，人当然是赶着马车，布匹、绸缎、粮食是他们的主要货物。他们从潼关西门入城，将马车停放在一个专用场地，然后大摇大摆地招揽生意。城南人是种植蔬菜的好手，两个台塬在这里分岔，中间成为一片洼地，阳光充足，土地肥沃，他们春有菠菜、香菜、韭菜，冬有萝卜、土豆、红苕，夏秋之间，种类尤其繁多，有番茄、豇豆、梅豆、洋葱、黄瓜、笋瓜。这里尤其适宜莴笋的生长，将莴笋刮去绿皮，切成一拃长短的小段，倒进盛有新鲜面酱的瓷缸，加上铁盖，在烈日之下曝晒。经过一段时间，投放一次醋糖之类的配料。春节之后，就成了酱笋，其红中透黄，鲜润养目，咸淡适中而稍带甜味，香脆可口。清代康熙之年，它就成为朝廷的贡品，并在1915年获得巴拿马万国博览会特产品金质奖。他们将各种各样的蔬菜担到集市以供采购。城北为黄河，山西的人用船载着农具和食品，然后从北门入城。那是一个热闹繁忙的日子，也是一个充满危险的日子，因为这里是省界，作案之后很方便潜逃，遂常常出现偷盗和抢劫之事。

在潼关之南的山中，有丰富的金矿，挖金之风，古已有之。他们总是在这里倒手，那些准备冒险的人、企图发财的人，纷纷出现，所以这里永远晃动着陌生的面孔。但潼关的人却习以为常，而且依靠这里的优势发展自己，他们开设裁缝店、木器店、棺材店，并设药铺、旅舍、饭馆，敢打敢闹，生性凶悍，脾气暴烈。

不过，多情多义的故事在这里并非没有，我所知道的李小姐就是这样的故事中人。她出生于苏州一个书香之家，由于家道败落沦为妓女，随所谓的江南义寓路过潼关，准备往西安，巧在此地遇到一位上海富商，一夜交流，他对她产生了感情，遂掏出银圆一堆交给老板，作为李小姐的赎身之钱。遗憾这位富商正为抗击日本筹备武器，不能立即将她带走，考虑再三，便将她托付给潼关一个医生，答应她半年之后相会，谁知他一去杳无音信。李小姐感激并爱这位潇洒的富商，相信他一定会来接她。这一等就是半个多世纪，今天，她已经七十二岁，满头白发，在阳光之下像雪一样明亮。她仍坐在门前等着。她的牙齿掉了，眼睛花了，唯独年轻的是她的心。她安然地坐在破陋而落寞的潼关街巷，我感觉她像一个圣徒！确实是这样，那年为修水库，要搬迁县城居民，她泪如泉涌，死都要待在这里。她担心自己所盼的人回来了，不能找到她。然而没有谁知道那个富商的下落，没有谁知道他是什么缘故而失落了承诺，所知道的是李小姐一直在等他。她的情义天知道，地知道，黄河与它两岸游动着白云的高原知道。

夜晚，我走在曲曲弯弯的街巷，这里没有一个人，也没有一盏灯，唯稀落而低矮的房屋里的光从窗子透出，那光因为窗子的制约，变成一个晕黄的方形，并不很明亮。我的脚步震响着这古老之地，仿佛我是一个悄悄潜入潼关的土匪。我顾盼着关闭的门户，这门户当然少得可怜。隐隐的黄河的波涛从我身后随风而来，湿润的空气之中，流动着浓郁的桐香和沉重的泥腥。月亮升到山顶上了，街巷有了一种如雾如汽似的白色。遥远的沟壑化为一片广阔的阴影，它起伏的轮廓似乎镶嵌在迷蒙的天空，使这里显得落寞之极、幽静之极。一只黑色的狗出现在我面前，它悄悄地站在一个石头旁边。它仿佛是故意拦挡我，我很自然地停下了脚步。不过我感觉它并没有恶念。它默默地看着我，长圆的眼睛流露着非常温和的神情，甚至是慈悲与感伤的神情。它似乎要向我询问什么，然而终于没有开口。它踏着月光默默地走了，细碎的声音在它脚步之间轻轻响着，身上的毛非常明亮。它走了几步，又沉思着停下来，回过头看我，它发现我恰恰在望着它，便立即转过眼睛，坚决地匆匆地走了。我一直望着它，等它在残破的砖瓦和美丽的月光之中消失，我才继续走我的路。我的心里一片空虚。

我就是这样离开潼关的。

朱按：此文作于 1992 年

四到潼关

潼关近一些，到潼关比较方便。

1992 年去了一次，1995 年去了一次，2012 年去了一次，2019 年 8 月 5 日，星期一，我去了一次。1995 年那一次，是随朋友玩的。2012 年那一次，完全是为了观察渭水在潼关一带是否返清，直去直回，没有逗留。

这一次到潼关是在夏天，夏天毕竟是夏天，潼关老城甚为闷热。

我对潼关老城的布局并不陌生，遂按部就班地南一瞅，北一瞅，东一望，西一望。终于登上水坡巷村的一个阁楼，向四方环顾着。

潼关老城基本上还是废墟，这显然是当年修建三门峡水库，让居民搬离导致的。走人是为了蓄洪，然而一旦走人，老城便毁。

尽管早就没有南门和北门了，但地理上的南门和北门仍在。一个老人挥手说："从南门到北门的路，就在那一片破房之间。"1992 年我从这里走过，路窄，不过两边的屋舍还疏索地住着居民。现在的路宽了，可以通汽车，然而不住居民了。

老城仿佛正处于一次颇有深度的改造之中。我曾经走过的那一片破房都腾空了，显然要拆迁，此乃改造的根据。谋求经济发展，一个重要途径是把老城改造成旅游重地。一些新的建筑，包括寺庙、道观、店铺、客栈和博物馆，皆从废墟之中冒出。建筑都是新的，不过其样式、所用砖瓦、所装门窗，皆流露着传统的意味，似乎皆扮演着或明或清的角儿。酷热的阳光之下，这些新的建筑的颜色强烈得刺眼，也刺心。

我闯入了水坡巷村，并在这里久久盘桓。所见无不是老人，三三两两，坐在门前。残垣断壁，难觅生气。

这个村起于南原，并沿南原扩张。所谓南原，指秦岭北麓向黄河延伸的一个台地。当潼关居民必须搬离的时候，此村因为所处位置高亢，没有安全隐患，遂得以保存。然而老城十户九撤，谁为生产者、谁为消费者、这个村怎么发展，尽是问题。此村曾经有三个自然村，人口两千余，几十年下来，现在仅有人口三百余，不过一百户吧！青年几乎都在外打工，女子易嫁，男子难娶，遂一直衰落，以至寂寞。

一个老媪说："这个村开始叫血坡巷村，以后改为水坡巷村，以后又改为东风巷村。"

一个老翁说：“东风巷村就没有叫响。”

老媪说：“李自成在南原布兵列阵打清军，清军又从上向下打，打得血流成河，沿坡流下，所以叫血坡巷村。”

老翁说：“血坡巷村叫着不祥，改为水坡巷村了。”

水坡巷村也在改造之中，而且看起来接近完成改造了。1992 年我到这里，觉得还有一种自然的状态，石头、砖瓦和树，自然地融为一体，颇为舒服。

改造以后，这里竟变成石头的世界。路面是石头，路堤是石头，以树根为圆心砌成一个圈，用的也皆是石头。石头的世界不仅感觉尖硬，而且阳光普照，顿生焦躁的感觉。石头发白，闪烁着金属之光。在这个石头的世界里，树都苟活着。有一棵椿树死了，树根已经朽烂。树根如墩，黑不可坐。有几棵槐树，斜梢向天，是因为它们在这里起苗迎风，活了几十年、上百年。树枝叉开，状有痛苦。

水坡巷村东西一排，盛时长足数里，今剩半里左右。开门者少，关门者多。门是旧门，漆皮剥落，不过这也是老城罕有的纪念了。

潼关东门至北门一段的城墙，因为要拦截和阻挡黄河的冲击，遂在当年修建的时候向地下挖掘十米余，打梅花桩，并用石条一层一层地向上砌。石条之间的缝隙，灌以糯米汁，再钉以铁耙，铆扣而成。

这一段城墙，大约一千米。资料显示，明清以来，黄河洪涨

潼关的石条城墙

洪平，从来没有摧残或摧垮这一带。改造之际，也刨出了这些石条。看起来它们沉重、结实且坚固，黄河对这些石条所砌的城墙也真是无可奈何！先贤当受敬畏，他们对工程一点也不捣鬼。

我到了黄河岸上，感受着它东流的势力。它像绳子似的，勒出了峡谷；它像刀子似的，砍出了峡谷；它像锯子似的，刺出了峡谷。黄河挟带着泥沙、蓬蒿和木桩，滚滚而逝。没有浪花，也没有声响，不过这种沉默更显出了黄河的势力。

渭水与黄河交汇之处，浩瀚缥缈，闪烁着远方的中条山的幻影。风陵渡并未通航，不过从陕西这里望过去，黄河在山西那边擦崖而涌的样子，也仿佛看得见。

满天的阳光倾泻而下，不过空旷，有风，我仍觉得黄河岸上可以徜徉。我走着走着，迎面碰到一个不古不新的建筑，读碑文才知道此乃抗日战争时期的碉堡。

碉堡只不过几平方大而已，孤立，残损，周围什么也没有。它对着黄河的一面是方形的炮孔，背着黄河的一面敞开着，显然遭到了切割。墙的立面用水泥涂抹了，似乎是在掩饰某种错误地切割且捣毁的茬子。还有几处补着红砖，也露出了材料不符年代的伤疤。炮孔旁边及局促的碉堡空间，都有烟火熏过的颜色。

日本军队在 1938 年占领风陵渡以后，企图打入关中，而中国军队则坚守潼关，反复击退他们。中国军队的炮弹发挥了

潼关抗战碉堡遗址

主要作用。从碉堡发射的炮弹雷厉而锐利，始终压迫着日本军队。

潼关的碉堡，黄河岸上的碉堡，显然不是这一个。这一个太孤悴，太孤单，太简，太弱，不能构成中国军队的工事，不能抵制日本军队的攻击。

“碉堡应该是一个连着一个，从而成阵，如此，日本军队才没有打入关中。”

我说着，离碉堡而去。

函谷关是关中的东门，潼关也是。历史上，潼关攻防战足有四十多次，但愿对日本军队的阻击是最后一次。

函谷关

函谷关地理复杂，历史复杂，自商周以来，它就反复惊世，没有一定的知识储备显然难以透彻认识它。近乎三十年，函谷关一直在我的想象和理解之中。

既是长期谋划，又是俄顷冲动，终于选在冬日，我冒着严寒进入函谷关调查。确实是晴天，当阳光照耀在峰峦和丘阜之上，我觉得宁静。一旦疾风冲击枯草，飞蓬向着犬牙交错的沟壑沉浮，我又觉得诡谲。

一

也许可以比较一下函谷关和河西走廊或丝绸之路，以便发现函谷关的价值。

从中原到关中，过函谷关虽然不是唯一的通道，但也是最重要的通道，这仿佛从中国到地中海，过河西走廊或丝绸之路虽

函关古道

然不是唯一的通道，但也是最重要的通道一样。

黄河以北是中条山，中条山又勾连着王屋山和析城山，又与太行山比邻，从这一带往关中去当然颇难。黄河以南有洛水，今之洛河，其源在秦岭的箭峪岭，经洛阳平原汇注黄河，从这一带往关中去也难，因为不仅要穿崤山，还要穿熊耳山。乘船浮于黄河，至渭水，至关中，可惜浪急滩险，更难。

显然，从中原到关中，过函谷关相对容易，甚至是捷径。

以函谷关的连接，中原和关中得到的交流，构建了中国历史，这仿佛以河西走廊或丝绸之路的连接，中国和地中海得到的交流，构建了世界历史一样。

函谷关的意义大矣！

秦岭东段有崤山，其耸立于弘农涧河与洛水之间。崤山扎根黄河南岸，不过大势是以头朝东北的路线向黄河运动的。它留下的形迹颇为神奇，这就是：悬崖与深渊相系，岑岭与峻壑互生，古来松柏茂密，藤蔓萋萋，而函谷关则隐身于斯。

我跨越弘农涧河的小桥，仰观长天，俯察大地，顾盼寻找，只见村舍寂寞，野禽自鸣，不知道何处是函谷关。

实际上函谷关并非一个，这也正是它的复杂性所在。

秦函谷关在今之河南灵宝函谷关镇的王垛村。

春秋以来，函谷关属于晋。战国之后，秦献公的时候，秦攻晋，在石门胜，在少梁胜，晋失桃林塞。秦献公执政二十二年死，秦孝公秉权。贾谊说：“秦孝公据崤函之固，拥雍州之地，君臣固守以窥周室，有席卷天下，包举宇内，囊括四海之意，并吞八荒之心。”不过史念海认为，秦有函谷关是从秦献公开始的。公元前 384 年秦献公即位，公元前 207 年秦子婴交出玉玺。满打满算，秦据函谷关共计一百七十七年。

汉函谷关在今之河南新安。

有楼船将军杨仆，数立大功，声势赫赫，可惜府邸在关中之外，以为羞耻。趁着得意，便上书汉武帝，请求徙函谷关到新安，若此，他就可以变成关中人了。工程需要费用，他也愿意贡献自己的积财。是否这样，允许质疑。

不过汉武帝有意扩大关中，壮丽其京畿，尤其有意削弱诸侯，加强中央集权。变更函谷关，当然符合上的愿望。总之，公元前 114 年，函谷关东迁三百里，建在了今之河南新安。

我在汉函谷关遗址看到了出土的瓦当和砖，还有马道、墙垣和水管，还有铁戟和铜镞。历历在目，不禁喟叹。

秦函谷关遗址也并未废弃，利用此地，汉武帝设置了弘农县。县之增立，也是治理的加强。

汉函谷关的出现，使秦函谷关变成关中的隘口，军事地位似乎有所下降。一时如此，并非世代如此。函谷关及其所隐身的崤山，永远都具军事价值，这一点将会得到反复证明。

魏函谷关在今之河南灵宝以北的函谷关镇孟村。

公元 211 年，曹操率兵征伐张鲁和马超，需要运输粮草。秦函谷关的故道既废，不可行，遂命大将许褚设法处理。经过踏勘，许褚滨近黄河另辟其途，辎重遂顺利抵达，这保障了曹操对关中的平定。

魏函谷关距秦函谷关十里，稍微偏北，不过还是有一段重叠了故道。很好，既合节约原则，又有纪念意义。

虽然函谷关有一，有二，有三，不过秦函谷关才具典型性和标志性。所谓函谷关，一般指的便是秦函谷关。这里什么也没有发生过吗？这里所发生的一切，结束了就算完了吗？它们难道没有回响吗？回响难道不是某种警诫或启示吗？

二

考古发现，在灵宝的弘农涧河和好阳河一带，分布着新石器时代的遗址。这里是中原与关中的交通线，有部落聚居也很正常吧！然而究竟是什么人在新石器时代已经于斯生活了？他们从哪里来的，往哪里去了？他们消亡在什么地方？或他们把自己的子孙留在了什么地方？这一带当年是否有谷如函，是否形成了如函之谷？

函者，匣也，盒也，孔也，套也。函谷，显然是指谷之窄小如函。函谷关，何其特也！

新石器时代，包括神秘的夏，在此以后的岁月，商周之际，春秋战国以来，往返东西，从关中到中原，或从中原到关中，必经函谷关，它什么卓异的人没有见过呢？

周人领袖西伯昌，在关中广施仁政，得民爱戴，诸侯归附，大有兴盛之兆。

崇侯虎便向商纣王进谗，认为这将威胁到商。商纣王相信了崇侯虎的举报，逮捕了西伯昌，并囚之于羑里。商纣王贪物贪色，周族的大臣为拯救西伯昌，就献义兽驺虞、神马鸡斯、骊戎文马、有熊九驷及美女。商纣王顿然高兴，昏了头，放了西伯昌。西伯昌是过函谷关到了商的，获释以后，又是过函谷关返关中的。

他在羑里食子肉，演周易，如此这般，也许是对周文王的一种神化吧！

大约三百年以后，周平王放弃丰镐，东迁洛邑。不知道他过函谷关的时候做何感想。

离开关中，也是无可奈何。以周幽王废黜申后和太子姬宜臼，申侯大怒，便联合犬戎占领了丰镐。国都沦陷，又受犬戎侵扰，周平王不得安居。天子走了，周人仍在关中，悲夫！

商鞅在秦国任左庶长，接着任大良造，终于为商君，是何等威风和荣耀！

然而秦惠王得到商鞅欲反的消息，便下令拘他。商鞅只得逃命，十分狼狈。既然是逃命，他就当脱下官服，换上民装，而且须隐姓埋名，真是所谓的此一时也，彼一时也。他想往魏国去，这要过函谷关，还需住宿一晚才可以过。可惜他的身份没有凭信，客栈不肯收留。根据商鞅的法令，收留身份不明的人，其罪当死。

函谷关不能蒙混而过，商鞅便潜返封地。不过等待他的，仍是悲惨的命运。

孟尝君也是一个怪才，以养士腾声诸侯。

秦昭王打算任其为相，经过一番交涉，孟尝君便自齐国至秦了。岂料秦昭王善变，忽然对孟尝君猜疑起来，竟羁押了他，还打算杀他。孟尝君闻其有幸姬，可以摇撼秦昭王，遂派人见幸姬。幸姬想得孟尝君的狐白裘，孟尝君有之，天下仅此一条，不过已经赠秦昭王了。怎么办？一个门客就装狗钻进库府盗取狐白裘，从而送给了幸姬。幸姬动情相劝，秦昭王听幸姬的，便放了孟尝君。行至函谷关，正是半夜。怎么办？一个门客就学鸡鸣，鸡分不清其声是什么声，以为是鸡鸣，遂群鸡皆鸣。秦国有法令，鸡鸣函谷关才能进出。虽然是半夜，孟尝君还是离开了秦国。

此间，秦昭王蓦悔自己放了孟尝君。善变便是如此，于是他就遣兵急追。士徒赶到函谷关，孟尝君已经无影无踪。也许秦国有电话就好了，遗憾没有啊！

燕太子丹作为质子，不堪忍受秦王嬴政之辱，毅然偷跑。到了函谷关，也是半夜。他没有门客，只能自己学鸡而鸣，竟也成功离开了秦国。鸡一再受骗，函谷关的鸡显然都是笨鸡。

汉人气壮山河，这由特定时代的一种形势所决定。

终军是济南人，十八岁选为博士弟子，往长安去。过函谷关，吏卒就按规定交给他一个繻，帛所制。这是入关的凭证，他得保存着，出关需要再交给吏卒，合符才行。终军笑言：“大丈夫西游，终不复传还。”遂弃繻而去。果然汉武帝欣赏其才，封谒者给事中，又擢为谏大夫。他先后出使匈奴和南越，皆有出色表现。终军二十岁殉职南越，确实不必复传其繻了。

有南阳人郭丹，虽然贫寒卑微，不过高志凌云。至长安从师学习，他得买符才可入函谷关，颇受刺激，便发誓若不能以汉政府使者的身份乘车而行，他是不会出函谷关的。十二年以后，他任谏议大夫，出函谷关往南阳去完成受降任务，遂持节且乘车。奉汉政府之命往来，当然不用合其符。郭丹经历曲折，官至司徒，具清廉公正之荣。

唐玄宗刚刚即位，便巡狩天下。其东行，必过函谷关。自李渊以来，唐皇帝皆认老子为远祖。函谷关有老子庙，唐玄宗当然要拜一番。他还作了诗，颇有触景生情之感。

二十八年以后，田同秀梦见老子，示意尹喜故宅藏有灵符，遂上奏唐玄宗言其事。田同秀是陈王李珪的参军，所以会有非凡之梦。唐玄宗对灵符的兴趣极大，立即派人挖掘，竟得到了灵符。皇帝认为此乃老子的恩赐，是一种天意，就改年号开元为天宝，并改函谷关所在的桃林县为灵宝县。

非常神圣啊！不过田同秀梦见老子示意灵符有可能是撒谎。陈王李珪也可能以此向唐玄宗邀宠，以拉近关系。也许田同秀真的梦见老子了，然而这怎么验证呢？臣下揣摩圣意，所从来久远矣，这可能也是吧！

老子过函谷关，著书释道德，应该是深具世界影响的一件事吧！

他是楚国苦县厉乡曲仁里人，任周守藏室之史，主修道德。其见周之衰，辞职西去。至函谷关，尹喜迎接了他。尹喜为关令，善观天象，也精通历法，知古，知今，似乎能预见未来。尹喜请求老子说："子将隐矣，强为我著书。"

老子到底在什么地方著书，这是一个问题，必须辨明。我以为尹喜不会安排老子在函谷关处理此等重要工作，因为这里近洛邑，既然辞职西去，就不应该不远离洛邑。至函谷关，算是西去，然而没有远离。辞职之士，居此著书，并非明智的选择，老子不会这样做。除此之外，函谷关有使者往来，有商贾往来，甚至会有盗匪往来，不宜凝思。这里峭崿峥嵘，野风浩荡，繁木遮天，不宜穷考。

老子在何处著书合适呢？尹喜本宅楼观，在终南山，面向关中。此地平畴千里，其道如砥。尹喜在函谷关迎接了老子，陪他至关中，安排他居楼观。老子于斯留下五千言，以示识者。

三

公元前 11 世纪，中国发生了一场革命，周武王克商。

周武王是西伯昌的儿子，其不改父志，坚持内任贤良，外联诸侯，为取得朝歌积蓄力量。他也知道，商的气数将尽了。

执政两年以后，周武王率军过函谷关，至盟津观兵。有火自天降下，化为赤乌，而八百诸侯则不期而会。形势是好的，不过他还是希望商纣王再昏聩，再暴虐，坏到极点，以使周的革命充满正义，从而完全胜利。

获悉商纣王杀比干，禁箕子，看到太师和少师抱着乐器跑来，周武王才向诸侯宣告，商有重罪，必须消灭。他率军再过函谷关，到了盟津。诸侯皆集合于斯，并起誓克商。

周武王和诸侯陈兵牧野，准备开战。商纣王闻讯，便兴师抵抗，然而周军凶猛，是难以招架的。商军畏惧不前，更有反戈加入周军之中的。商纣王感到不妙，遂登上鹿台，以天智玉包裹其身，自焚而死。商亡，周立，革命成功了。

周有天下八百余年，卒为秦所取代。

秦人久在西陲，给周王养马。周显然不喜欢秦人，然而今之天水一带，草茂，利于养马，因为能大批大批地提供良骏，周固有的反感也渐渐减弱。

公元前 771 年，秦襄公以护送周平王东迁洛邑立功，遂封为诸侯。也许这个时候，也许一直以来，秦人便存升祚之志，尤其秦孝公至秦庄襄王六世，变法图强，开疆拓土，欲成其霸业。

秦人本在东部，其祖先曾经是商的邦臣。其不服周取代商，竟参加了叛乱。周惩罚秦人，强迫其移居西陲。迁徙秦人，当然也是对东部反抗力量的割削。然而秦人怎么会忍受这一点？怎么会不想重返东部，甚至取代周而有天下呢？

周之衰，无法逆转，遂有诸侯崛起，互相兼并。秦人一代一代地抓着历史机遇，斗志甚盛。

已经有很长时间了，秦人批亢捣虚，反复摧残韩、魏和赵，为灭周奠定基础。摧残韩、魏和赵，也就是摧残周。至公元前256年，周赧王忧愁而死，其民流散，秦遂抱得九鼎宝器。

秦之雄如虎狼，一一亡了六国。

秦最早灭韩国。

公元前403年，晋国初解体，周王只得承认韩、魏和赵为诸侯。十二年以后，秦开始伐韩，其目标直指国都宜阳。至公元前238年，韩王安即位，已经患如倒悬，危如累卵。公元前235年，秦对韩用兵。韩王安计穷，遂遣韩非子出使秦，希望用这个法家的一些思想影响秦王嬴政，从而能够暂且存韩。不料李斯是韩非子对手，韩非子遭害。韩王安恐惧，便向秦献南阳一带的土地。秦王派内使腾受命接管。公元前230年，内使腾率兵攻韩，掳韩王安，韩亡。

接着，秦灭魏国。

秦魏相争百年，至秦王嬴政掌权，秦强魏弱，秦伐魏加速。公元前242年，秦将蒙骜拔魏二十城，旋拔朝歌，商之故都。到公元前225年，秦王用王贲，遣其率十万大军出函谷关，直逼魏的国都大梁，今之河南开封。秦军不惜决口黄河，放洪水灌大梁，以掳魏王假。王贲遂尽纳其土地，魏亡。

接着，秦灭楚国。

夕阳下的函谷关

惟楚有材，遂能追随周武王克商。楚具浩瀚的江湖，鱼米完富，文艺灿烂，从而自成一体。几个世纪，于斯为盛。

虽然楚是服从周王的，会进贡苞茅一类的特产，不过楚也存其宏图，并欲从泽薮之地向中原发展。至楚庄王，似乎已经壮大，遂问鼎之大小，暴露了取代周的意思。王孙满是周大夫，颇有水平，他不软不硬地拂逆其志说："周德虽衰，天命未改。鼎之轻重，未可问也。"不卑不亢地让楚军撤离了周王之境，我服！

秦楚皆非周天子的嫡系，遂彼此通婚。秦昭王曾经还出兵五百乘，援楚打吴。在很长一个阶段，秦楚关系和谐，实力也相当。商鞅变法以后，秦的实力变强，便要向南方扩张，难免犯楚，矛盾遂起。公元前318年，数国合纵攻秦，楚怀王为合纵长，率兵直扑函谷关。秦惠王用张仪，以其计破坏了合纵。算起来，秦楚时和时斗，近乎三百年，结果是秦盛而楚朽。

至公元前224年，秦将王翦率大军六十万，以裨将蒙武相辅，汹汹征楚，杀楚将项燕。公元前223年，掳楚王负刍，楚亡。

接着，秦灭赵国。

秦赵本为一家，共有一个祖先，皆是嬴姓。嬴姓是商的贵族，周立，当然对周怀着敌意。不过秦能孜孜奋斗，终于立功，成为周的诸侯。

有造父，甚为勇敢，更是善驾，深受周穆王喜欢，尤其他又为周平定了徐偃王僭越之乱。基于此，周天子便以赵城赐造父。造父姓嬴，至此以邑为氏，乃为赵氏。他的七世孙叔带，是周大夫，见周幽王无道，便告别周天子至晋，为晋文侯工作。到公元前376年，发生了三家分晋之事。三家，便指韩、魏和赵。所谓赵，当然就是赵敬侯，叔带之后。晋文侯接受叔带之际，也许根本没有料到他的宝祚会由叔带之后跟韩、魏分之。

好了，虽然秦赵本为一家，嬴姓，也还是会相争并相残的。公元前371年，秦赵战于黄河以东的高安，秦败。韩、魏和赵跟秦频频互击，而秦则渐渐变得主动。公元前260年，长平之战，秦将白起斩首并坑杀赵军四十五万，从此赵骤虚。

秦王嬴政初立，便拔赵的晋阳。至公元前229年，秦将王翦率兵伐赵，赵将李牧和司马尚各自率兵迎击。可惜赵王迁愚蠢之至，竟中了秦的反间计，诛李牧，免司马尚，换赵忽和颜聚各自率兵迎击秦军。王翦知道赵王迁上当了，遂急打赵军，破赵忽。颜聚原是齐将，背叛过来的，异心固在，他就跑了。公元前228年，赵王迁降秦，不过赵公子嘉逃窜至代，做了代王。公元前222年，秦将王贲掳之，赵亡。

接着，秦灭燕国。

燕是召公封地，国都在蓟，今之北京房山一带，其远秦而近齐。山戎侵燕，应燕庄公之请，齐桓公相救。

虽然远秦，燕对秦还是颇为恐惧。一旦苏秦建议合纵，燕文侯便表示支持，并予以资助。所谓合纵，就是崤山以东几国结盟，以共同抗秦。秦如何反应呢？尽管燕遥，不过燕也是力量，所以秦惠王便嫁女于燕太子，对合纵之策做了牵制。这些大约发生在公元前 333 年。

至公元前 318 年，燕王哙又蠢蠢欲动，对合纵颇为积极，图谋一起抵秦。然而心有余而力不足，事未成。

公元前 284 年，燕昭王又忽遣亚卿乐毅率兵攻齐。攻齐很是热闹，秦、楚、韩、魏和赵，也都加入进来了。此举尽由乐毅协调，然而意志是燕昭王的。齐败，燕劫掠了齐之宝器。不过这是燕的严重错误，它显得燕在战略上缺乏连续性和稳定性，甚至缺乏逻辑性。燕之不义也毕露于天下，这必有后患。

秦和齐都具治理天下的实力，也有此追求。一旦秦随诸侯挫伤了齐，齐变虚了，秦遂对燕虎视眈眈。燕不禁产生了深重的忧愁，不过已经迟了。所谓后患，真是俄顷呈现。

燕太子丹刺秦王嬴政，更是彻底得罪了秦。

公元前 226 年，秦将王翦征燕，拔蓟，燕王喜及燕太子丹逃辽东。至公元前 222 年，燕王喜为自存，砍下燕太子丹的头献秦王以求和，然而这有用吗？秦将王贲遵命赴辽东，掳燕王喜，燕亡。

秦最后灭齐国。

齐是姜太公所得封地，区域甚大。

秦远齐比秦远燕更远，是井水不犯河水的，秦遂能实施远交近攻之计。秦嫁女给齐湣王，还以泾阳君质于齐，而齐湣王则以孟尝君举荐于秦，似乎很切。然而毕竟各怀鬼胎，这些遂不诚不恳，皆为表演。实际上齐拉几个伙伴打过秦，秦也拉几个伙伴打过齐。战国就是如此，没有固定朋友，彼此打。

长平之战以后，秦吞周，灭韩，灭魏，灭楚，灭赵，灭燕，凡三十五年，齐对诸侯不援以刀戟，现在轮到齐遭打了。齐王建也知道在劫难逃，不过还是要做防御，便调动齐军于西境。秦将王贲早就磨炼出来了，从而避其西境，率兵从北部讨齐。如此出其不意，齐军干脆降秦。公元前 221 年，掳齐王建，齐亡。

秦王嬴政在祖先奠定的基础上，一鼓作气，统一了天下，成为秦始皇帝。

秦得天下，也并非其制度优越，是其暴力机器尖锐也！秦的地理环境既有助攻，也有助守，尤以崤山及隐身其中的函谷关为据，守，六国难损秦，攻，秦易破六国。可惜秦的治理很恶劣，虽然得了天下，未得民心，遂二世而亡。

秦失其鹿，卒有刘邦和项羽相逐。

刘邦善用士，也能妙用地理环境。其进关中，不从函谷关进，是因为秦军驻守，不易进也。他从武关进，接受了秦子婴所献玉玺。离开关中，至南郑任汉王，应该快捷，遂走最近的子午道。再进关中，他选了最远的陈仓道，是因为雍王章邯紧盯着子午道、傥骆道和褒斜道，走陈仓道显然最安全、最合适。一旦平定关中，他遂率兵出函谷关，为义帝发丧，自己站在了道德高台，并推项羽于大逆之壑。相逐五年，项羽自刎乌江，刘邦当了皇帝。关中卓越，国都置于斯，名曰长安。

东西交通线上的征伐，周和秦都是以西向东，刘邦打项羽，也属于从西向东。他们过函谷关都能得胜！西高东低，有俯冲之感。

四

我对苏秦和张仪这种人一向不喜欢，觉得他们奉行的是功利主义原则，谁给其地位与钱财，使其物欲满足，就为谁服务。今天的一些所谓专家、学者或教授，罔顾真相，丢弃真理，甘为权力和资本的奴才，显然也是有传统的。继承苏秦和张仪之流的衣钵，可怜！

苏秦和张仪也都是读书人，甚至是地缘政治家，似乎也具谋略家的素质。他们的合纵连横理论，对兼并战争主要是起到了激荡作用，当然它也加重了生灵涂炭、神州萧条。

函谷关以东，其地纵长，有六国，六国皆弱。函谷关以西，其地横长，一国独强。苏秦一一见燕文侯、赵肃侯、韩宣王、魏襄王、齐宣王和楚威王，劝告他们结成联盟以抗秦。苏秦说："六国从亲以宾秦，则秦甲必不敢出于函谷以害山东矣。"苏秦的观点是，结众弱，攻一强，谓之合纵。张仪针锋相对，为瓦解六国的联盟四处奔波，观点是，事一强，攻众弱，谓之连横。

有合纵，便有连横，合纵与连横常常是交错进行的，而且此起彼伏。不过六国弱，合纵的需要更是迫切，所以合纵比连横也显然更是壮烈。

合纵数次，都很喧嚷，遗憾终于未能阻止秦的兼并。那么这几次合纵的经过及由谁指挥，究竟如何呢？

公元前318年，不辞口干舌燥，千辛万苦，苏秦促成了六国合纵。虽然这一次齐并未出兵，不过苏秦佩戴六国相印是真的，此寒士之贵极矣！

楚怀王任合纵长，掌百万之师，浩浩荡荡，以进入关中讨秦。到了函谷关，士徒的脚步竟都慢下来。秦军并不紧张，更不恐慌，反倒坦然打开门，礼貌地说："请，请吧！"合纵部队发现函谷关窄小不见底，感到危险，遂犹豫不决，逡巡不前，不得不怏怏而去。

楚怀王率兵百万，威风一时。不过十九年以后，他在武关会晤秦昭王，遭到逮捕，继之押解咸阳，客死于斯，真是匪夷所思。

孟尝君就是田文，齐威王的孙子。他的父亲也有地位，是齐的大臣。家世显赫，遂能养士。他当然也聪明至极，并有其个性。

以狗盗鸡鸣返齐之后，齐湣王便任孟尝君为相。他曾经在咸阳有见有闻，对秦印象深刻。他相信唯有合纵，才能制秦。

他积极活动，并得到了魏和韩的响应。

公元前 298 年，由孟尝君统率，齐、魏和韩组成了联盟。士徒赳赳，逼近函谷关，但秦军却以计固守。到公元前 296 年，赵和宋也加入联盟，合纵部队的力量显然更强大了。秦军消耗甚多，不得不向合纵部队求和。施压之下，秦退封陵地给魏，退武遂地给韩，算是合纵的一次成功。

公元前 288 年的合纵是一次短促的行动。这一年，秦称西帝，齐称东帝，以连横损赵。赵的大臣李兑很是聪明，识破了秦的阴谋，便主张赵、魏和韩组成联盟。当此之际，苏秦赴齐，劝齐湣王废帝，并欲协调齐、燕、赵、魏和韩一致抑秦。苏秦当然是为燕在忙，尽管其事未果，不过秦感到了威胁。

信陵君魏无忌是魏安釐王的同父异母弟，能礼贤下士，有门客数千。

公元前 257 年，秦军环邯郸部署，并迅速收紧。赵甚为危急，便求魏救之。魏将晋鄙率兵十万，准备驰援。然而扬鞭催马之际，秦昭王挟制魏安釐王，谁救赵，秦平赵以后就打谁。魏安釐王难免害怕，遂命晋鄙暂且扎营，以作观察。

魏无忌的姐姐是赵胜妻子，他起意救赵。赵胜者，平原君也，任赵相。魏无忌救赵，既出于亲戚关系，也是一种义勇。他窃得晋鄙的兵符，率兵奔赵，迫使秦军撤退，邯郸得以解围。可惜魏无忌之举是违衷的，失当的，他就不得不流寓于赵。

秦当然迁怒于魏，并汹汹整合部队，欲迅速灭之为快。魏安釐王只能忽略兵符僭用之嫌，请其弟自赵返魏。魏无忌毕竟是明智的，就回来了，并接受魏安釐王的召见。兄弟促膝，彼此泣下。基于弟在天下的声誉，遂授弟上将军印，以指挥魏军。

魏无忌到底是信陵君，其派使者遍会诸侯，有韩、赵、楚和燕同意联盟，随魏诛秦。公元前247年，在信陵君指挥下，合纵部队与秦军在黄河南岸遭遇，秦军败，秦将蒙骜狼狈而逃。合纵部队乘胜追击，打到函谷关。秦军闭上门，坚持固守。由于无法久战，合纵部队遂去，不过秦军也未能像秦昭王威胁的那样攻打魏。

春申君，黄歇，楚国之大臣，既博闻，又善辩，门客最众。吞周之后，秦的兼并加速，诸侯无不担忧。当是时也，以楚考烈王为合纵长，春申君具体负责，有楚、燕、韩、魏、赵及卫，约为联盟，对秦作战。遗憾的是，到了函谷关，秦军奋威迎击，合纵部队遂掉头而归。此事在公元前241年。

合纵不失为一种创造，其战略是顺乎情理的。然而秦往往能拆卸合纵，是因为联盟缺乏坚实的利益基础和精神基础。秦之所以能攻能守，尤其是固守得住，在于秦为形胜之国，据黄河与崤山之险，特别是函谷关至关中悬隔千里，秦军二万可以当合纵部队百万用，所谓“持戟百万，秦得百二焉”。

六国反复合纵，也皆有声有色，终于不能打到咸阳以亡秦，这也是一个重要原因。

东西交通线上的征伐，足有两个世纪。函谷关显然能够支持军事行动，甚至它的重要作用就是军事作用。不过它的军事作用也不是绝对的，尽管历史已经证明秦据函谷关，多次使六国的合纵行动失效，且无可奈何。

不过函谷关的军事作用，确实不是绝对的。

秦末，函谷关仍属秦军，然而周文指挥的农民起义军一冲就过。刘邦先入关中以后，函谷关遂由他的农民起义军管理，然而项羽下令黥布率军进关中，黥布不仅立即破了函谷关，还烧了函谷关。什么是势不可当？这便是势不可当。东低西高，从东向西，尽管没有俯冲之感，不过得道就有势，有势就顺。

周文之势在于他是陈胜所遣，而陈胜则代表着天下之心。黥布之势在于他是项羽所遣，而项羽则是楚将项燕之孙，贵族出身，尤其是项羽率军消灭了秦军的主力。

秦军之所以沮溃于周文的农民起义军，是秦军自己也知道，秦已经朽矣，没有未来了，遂放弃了函谷关。刘邦的农民起义军之所以能为黥布所扫除，是农民起义军自己也知道，虽然刘邦先入关中，应该在关中当王，而且刘邦也这样认为，并派农民起义军夺取函谷关而卫之，以防项羽，不过他也觉得自己是侥幸所得，难免畏怯，所以黥布能破而烧之。

事之成败，常由地理环境、武装力量和道义贯综着发生作用。秦成于函谷关，秦失函谷关，充分证明了这一点。

五

在中国历史上，函谷关有两次攻守战，影响甚是深远。它们或摧残了鼎祚，或弘益了国运，这引发了我特别的兴趣。

公元755年，安禄山和史思明勃然起兵，以密旨灭杨国忠为虚，覆唐自己当皇帝为实。唐玄宗震惊至极，也不免羞愧在胸。他当然还能发号施令，授钺平乱，尽管这个人已经很是昏聩了。

洛阳在中原，若能在洛阳消灭叛军，或是陷其于中原，从而保障关中不失、长安不失，唐遂无膏肓之疾。这是唐政府当初的基本判断，也是对付安史之乱的基本思路。

封常清奉命反击，他也有志赴洛阳开其府库，募其勇士，尽快刈取魁逆之首悬于阙下。唐玄宗似乎看到了希望，任他为范阳、平卢节度使。

封常清是唐将高仙芝部属，在安西服役三十余年，颇有治军经验。以他的资历，三年以前已经晋升为安西四镇节度使。

封常清骏奔洛阳，很快便招兵六万，以保卫洛阳。可惜入伍的士徒多是市井之流，毫无训练，智勇皆无。他们跟叛军在城里斗，在城外斗，斗了几个回合，一败再败，洛阳竟沦丧了。

皇帝可以给你官爵，也可以削你官爵，这由皇帝不由你，因为一切都是皇帝的。唐玄宗对封常清这一仗既愤怒，又沮丧，遂免去了封常清的一切职务，不过并未赐其死。封常清从洛阳跑向陕州，也许还打算继续从军并立功吧！

高仙芝久在西域，征伐吐蕃连云堡取得全胜，但怛罗斯之战却惨败于大食。唐玄宗仍授其开府仪同三司，任其右羽林大将军，显然是喜欢这个高丽人，也倚重他。

安禄山反背之后，唐玄宗当日便任荣王琬为元帅，任高仙芝为副元帅，以保社稷。高仙芝募兵五万，昂昂上阵。唐玄宗慰劳将士，并亲临望春亭送行。随高仙芝东征的有监门将军边令诚，一个宦官。

陕州在今之河南三门峡以西，唐玄宗改其为陕郡。高仙芝率军驻扎于此，以阻击叛军。洛阳的沦丧，使他多少感到了情况的严峻。不过他仍以既定策略，专据于陕州。

封常清在陕州见到高仙芝，汇报说："累日血战，贼锋不可当。且潼关无兵，若狂寇奔突，则京师危矣。宜弃此守，急保潼关。"曾经共事，高仙芝相信封常清，便接受了他的建议，率军西退，到了潼关。唐军迅速修筑掩体、堑壕和屏障，以充分的准备迎战贼寇。显然，保卫长安，潼关属于唯一的防线了。

边令诚也负有协理军务之职，不过这个人比较麻烦，凡事都干预高仙芝。封常清多年在高仙芝麾下工作，上司知道这个部属还能打仗，便想用一下封常清，反正这也是对敌的力量。不料边令诚横加干预，从而使矛盾激化了。边令诚竟上奏唐玄宗，告发封常清逗挠畏惧，高仙芝放弃陕州，并减军粮，盗赐物。

唐玄宗真是昏聩了，他信宦官甚于信唐将，仿佛江山是要靠太监保卫似的。总之，他下令边令诚斩首。边令诚遂先杀高仙芝，再杀封常清。

现在轮到哥舒翰出征了，不过他还在养病。他患有风疾，不知道是什么症状。唐玄宗召其入朝，拜其为皇太子先锋兵马元帅。他有兵八万，又收编封常清兵和高仙芝兵及别的兵，共二十万，浩浩荡荡，屯防潼关。田良丘、王思礼和李承光，是其裨将。

王思礼认为安禄山是以杀杨国忠为名兴师的，对此，可以行汉景帝腰斩晁错之计。他建议哥舒翰留兵三万在潼关抗御，率其余精锐部队至长安，除掉杨国忠，以安天下。

哥舒翰并无什么动作，然而杨国忠获悉此讯，确实坐卧不宁了。他要防范，以保障安全。杨国忠向唐玄宗进言，并经其同意，匆匆网罗士徒三千，伏兵于禁苑之中。他还在霸上陈兵一万，担任指挥的，是自己的亲信杜乾运。

哥舒翰得到这个消息，也有忧患。他上奏唐玄宗，请以霸上陈兵归并潼关，由他统一调动。唐玄宗同意了，这下好，于是他就传杜乾运到潼关来。杜乾运敢违忤吗？不敢。哥舒翰非常果断，杜乾运一到潼关便杀了他。一种内在的紧张，显然已经弥漫于唐的将相之间。

风疾加重，哥舒翰难以躬亲各项任务，遂委政于田良丘。虽然田良丘是行军司马，可惜别的裨将并不服从他。有时候专断是必要的，但田良丘却不会专断。

哥舒翰的兵法是固守潼关，以俟叛军离心离德。叛军是无道的，必会内讧，接着会涣散，到这个时候采取攻势才有把握。此乃哥舒翰的谋虑，实际上是向时间要转机。叛军消耗不起，但哥舒翰却是要专门让它消耗的。

半年之后，唐玄宗变得焦躁起来。他希望尽快出兵，速战速决。杨国忠有自己的心病，更怕发生旦夕之祸，也一再向唐玄宗建议，认为哥舒翰应该主动反击才对。

唐政府也有自己的情报系统，这是唐帝国成熟的一个方面。叛将崔乾祐一直在陕州活动，拥兵四千左右，多是老弱。有人看到了这种现象，视之为一种情报上奏唐玄宗了。唐玄宗相信自己获得的情报，并据此指示哥舒翰出兵灭贼。

哥舒翰身在前线，情报对他显然更重要。他收到的情报是，崔乾祐在引诱唐军，其拥兵甚众，不止四千。哥舒翰认为安禄山长期治军，不可能没有充分的准备。他分析老弱徙倚只是一种假象，崔乾祐必有诡计。他请求继续观察，不可轻率。唐玄宗拒绝了哥舒翰的意见，要求他出兵。看起来唐玄宗不仅昏聩，而且偏执和蛮横。

不得已，唐军进攻了。其路线是从潼关出兵，过函谷关，至洛阳歼敌。

哥舒翰的评估完全正确，几千人游游荡荡，确实是崔乾祐导演给唐军看的。崔乾祐早就效命安禄山，不仅随安禄山拿下洛阳，还要西进关中，占领长安。在打败封常清以后，他便绞尽脑汁地设下了圈套。崔乾祐让老弱四千招摇于陕州之野，并到处放风，自己也只有这几千人，以蒙骗唐军。哥舒翰判断崔乾祐有诈，遗憾唐玄宗没有识破贼寇的诈术。唐玄宗迫使唐军上当，唐军不能不上当。

崔乾祐隐蔽了自己的重兵，并在函谷关的崖上暗藏着精锐之师。滚木和石块也堆积于岸边，到时候会砸向唐军。崔乾祐的运筹是绝妙的，他要看着唐军入其彀中。

公元756年农历六月四日，唐军走到了灵宝西原，向东再走就是函谷关。唐军一边休整，一边窥探。夏天很热，可是气氛紧张，由于风疾，哥舒翰的肌肤偶尔会有寒意拂过。不过哥舒翰知道自己此刻是在战场上，这一仗是由他指挥。

哥舒翰见叛军只有万余，又比较混乱，便下令冲锋。叛军似乎难以招架，只应付了几下就撤退，逃向了函谷关。

王思礼率兵五万，英勇追敌。他们不知不觉进入了狭小不见底的函谷关。他们还在追敌，什么也不顾了。突然杀声四起，滚木和石块暴雨似的从空中倾泻而下。唐军骤乱，群鹿似的在孔道挤作一团，连回头转身都很困难。然而作战就是你死我活，不能束手待毙。哥舒翰到底久经沙场，其急中生智，指示让马车撞叛军。马车都用毡包了起来，并画着龙虎，它们的眼睛和爪子都是金色的，以使敌惧。函谷关之宽，车不得方轨，马不得并行，马车撞上去必有死伤。

崔乾祐也很狡猾，他抬头看了看风，见风偏西，对着唐军，便急呼放火，烧马车上的草。叛军有拉草的马车十几辆，塞满了孔道，烧得火闷烟浓，绕地熏天，其风绝火携烟恰恰吹向唐军。唐军以为贼寇尽在烟火之中，就闭着眼睛向烟火射箭，岂不知其箭多空射了。

唐军在函谷关怒吼狂喊，又彼此踩踏，狼藉一片。为离开函谷关，遂沿着慢坡向北边跑。北边是黄河，很多吏卒都掉进黄河，波涛便吞噬了他们。

还有十余万唐军，部署在王思礼五万部队之后。刚刚交镝，崔乾祐便指挥贼寇凶猛截击。看起来崔乾祐的运筹颇为系统，这可能也是其诡计的一环。唐军顷散，都向潼关撤退。潼关有纵横交错的暗沟，是为防御叛军而挖的。唐军张皇，纷纷跌入其中，死伤甚众。

几天以后，叛军打过潼关，唐玄宗留下长安和人民，仓皇逃至成都。哥舒翰回到关中，甚为愧怍，仰望着晚霞一声一声地长吟。有部属围上来，抓住他，把他捆绑在马腹之下，送至洛阳，交给了安禄山。安禄山羞辱了他一顿，以炫耀自己的权威。终于发现哥舒翰也并无什么价值，便杀了哥舒翰。

唐的盛衰，转折于安史之乱。然而深考，其萎是起于函谷关失利和潼关失守。

1944年5月25日，日本军队占领洛阳，旋踵整合了大约十万的精兵和十万的伪军，准备进攻灵宝，打过函谷关，并破潼关。

中国军队知道日本军队的图谋，立即调兵三十余万，驰赴豫西前线。第三十四集团军总司令李延年为豫西地区抗日前敌总指挥，责任甚大！

日本军队应该清楚，从函谷关到潼关，山河一百余里，尽为天险。不仅如此，中国军队有效防御的铜墙铁壁也将耸立起来。中国军队的使命是，既要靠天险，更要靠英明的战略和坚强的意志，从而坚决阻止日本军队逾越函谷关和潼关。这一战役对彼此都非常重要。

中国战场和太平洋战场都是世界反法西斯战争的组成部分。1943年夏秋以来的形势是：日本军队挣扎于中国战场，它在太平洋战场的攻取也一再受挫，并屡遭失败。日本军队越来越惶恐的是，它的布局在被分割，它的海上交通线在被切断。日本军队隐隐意识到自己的前途变得艰难和黯淡了。

为扭转这种局面，日本军队计划打通大陆交通线。一旦完全掌握了中国战场，便可以调动军队至太平洋战场，从而改变颓势，这是日本军队的妄想。

豫中会战打得十分惨烈，不过日本军队还是占领了包括洛阳在内的三十八城。之后，其迅速调兵西进，目的是打过函谷关，破潼关，占领关中，接着，从西安到宝鸡，再到成都，次第占领，统统由它掌握。

如果日本军队实现了这一目的，那么它不但会大获补给，而且将把被分割的东部地区和西南地区连接起来，尤其严峻的是，这将直接威胁到重庆，这也将有利于它调动军队投入太平洋战场。

这一战役至关重要！

中国军队在灵宝布置有两道防线：一道在大王镇和阳店镇一带，其西邻函谷关故地；二道在衡岭塬，要津为弘农涧河西岸，过了西岸，便是函谷关故地。

1944 年 6 月 5 日拂晓，日本军队发起进攻。其志在取胜，遂用足了兵力和武器，这样，中国军队的一道防线便失守了。三天以后，日本军队强渡弘农涧河，其飞机、坦克、大炮及各种军车，全上了战场，以支持他们的士徒。中国军队虽然没有多少精锐武器，不过他们仍会冒着飞机和大炮的狂轰，拿着手榴弹冲过去炸坦克，炸军车，炸日本士徒。有时候会短兵相接，手格肉搏。

第三十六集团军总司令李家钰牺牲以后，其官兵继续战斗。他们头缠白布为孝，臂戴黑布示丧，要给自己的将军报仇，遂使日本军队伤亡甚重。有副师长王剑岳率部打得极其惨烈，忽而失去阵地，忽而夺得阵地。10 日凌晨，他站起来向麾下高呼：“大丈夫报国杀敌的时机到了！”遂一马当先，击退百余日本士徒。不幸的是，他身中两弹，壮烈牺牲。他的麾下坚持战斗，基本上也都牺牲了。

到了6月14日拂晓，中国军队全线反击，一直打到黄昏，日本军队开始溃逃。15日上午，中国军队收复了灵宝，并向陕县追击。

从1937年11月7日起，日本军队就猛炸潼关。其占领了山西芮城风陵渡以后，更是想方设法以破潼关。除了发射炮弹，他们还乘橡皮艇偷渡。当然，中国军队的炮弹也打得准，打得凶，一次又一次地把他们打了回去。

为配合西进灵宝，继而逾越函谷关和潼关，自1944年5月31日起，有几十架日本军队的战斗机也频袭潼关。关中何等重要，西安何等重要，所以中国军队也有充分的准备，一旦发现邪恶的战斗机升天，中国军队的战斗机和驱逐机也会振翮冲天，发奋歼击，以固守潼关。

中国陆军第一师装备先进，训练有素，从1939年冬天起驻防潼关。蒋纬国就在这里服役，任第一师三团的一个营长。蒋经国也在1942年春天视察过潼关前线。

日本军队打过函谷关的企图未能实现，破潼关的企图也未能实现。占领关中，自西安打到宝鸡，再打到成都，从而占领秦蜀之地，以觊觎重庆，所有这些企图都未能实现。此乃国运所在，中华民族之幸。它不仅有助于中国战场，而且有助于太平洋战场以至世界反法西斯战争，不亦壮乎！

潼关是关中的东门，函谷关也是。在函谷关的攻防战，8世纪的唐军输了，而20世纪的中国军队则赢了。名在青史，荣辱永垂，人不可不存敬畏之心！

六

黄河纵冲，秦岭横贯，动静两物，必然相遇于一点。相遇便如撞墙或碰壁，浊浪喷空，闷声遏云。黄河与秦岭相遇的一点，选在了潼关。黄河遂在此涡旋，扭结，之后开交，气势浩大地向东流去。它的南岸正是秦岭北麓，崤山之所在，其崖堑肆绕，丘壑任弯，峰呈嵯峨，沟为深渊，无一坦途能通东西，唯函谷关勉强可达。此函谷关之大观也！

函谷关，正宗的是秦函谷关。以函喻之，在其谷之窄小只容一辆马车，谷的两边层峦叠嶂，松柏及杂木郁郁蔽日。函谷关又长迤，又曲折，又邃密，且晦暝不明，阴森恐怖，常使人起死生之念。此春秋以来古者之印象也。

有一介武夫，自己并未亲移玉趾至函谷关，不过他的声情到了，这就是王元。王莽败亡以后，军阀割据。天水成纪，今之甘肃秦安人隗嚣建其队伍，既想恢复汉的江山，又想自立为王。数年之间，左摇右摆，对刘秀缺乏诚意。王元是其部将，洞察了隗嚣的灵府，知道隗嚣盘算什么，遂希望他不要放弃历史所给予的千乘之基。王元鼓吹隗嚣以函谷关划界，便能够成王。他说："今天水完富，士马最强，北牧西河、上郡，东牧三辅之地，案秦旧迹，表里河山。元请以一丸泥为大王东封函谷关，此万世一时也。”函谷关一丸泥可封，此枭雄之妙语也！

我在函谷关一带寻来找去，问：“函谷关到底在哪里？”函谷关一个姑娘说：“从这里向西走就是。”

姑娘负责遗址保护，听其言，我便向西走。前方渐渐出现了一条深沟，入之，我继续向西走。虽然有严寒，不过阳光照在枯树上，稀疏的枝叶十分明亮，枯树下的土壤也一片明亮。枯树是刺槐，颇显茂盛，虽然现在还是冬日。斜坡上夹以刺槐和松柏，不高不粗，似乎都是这十年间才种的。如果这就是函谷关，其谷也算窄小，只容一辆马车，然而缺乏一种古气，也没有一种老相。

抱歉，我总是怀疑，此病算是我的顽疾了。

沧海桑田，函谷关也会在岁月之中移动、变形或湮没吧！不过我还是相信它存在过，并仍以某种状态存在着，也许它就是以我所目击的和身临的状态存在着。虽然我未看到古气和老相，不过它正是函谷关，这不必怀疑。

我从王垛村登上稠桑原，西望潼关，适逢太阳缓缓沉落。长安的天空，夕晖璀璨。黄河与秦岭之间，无数的巉岩和不尽的湍波在晚霞与紫烟之中闪烁。稠桑原的麦田里有乡聚，有桐树，有白杨树。我感到安谧，也多少感到一些凄清。

函谷关就是稠桑原的一条裂缝，我悄然进入，渐行渐深，遂有古气浮漾，老相出现。我踏实了，也觉得喜悦。

几天以后，我回到明德门，读了几首关于函谷关的诗，皆

古道日斜

是唐人所吟。

秦川雄帝宅，函谷壮皇居。
绮殿千寻起，离宫百雉余。
连甍遥接汉，飞观迥凌虚。
云日隐层阙，风烟出绮疏。

李世民素有明君之誉，此诗他作。

关中成为帝宅皇居，在其形胜。征伐巡狩，李世民一再出入函谷关，当然会有感受。函谷关对帝宅皇居的作用，他的认识不仅独特，也是深切的。

凡绮殿之巍，离宫之壮，连甍之高，飞观之耸，似乎尽指秦汉及隋的国都所具的富丽堂皇，以至生活的穷奢极欲。唐长安以秦汉及隋的国都为本基，前朝之风，容易熏染，不过李世民显然要谨防步其后尘。他以诗明其雅志，说："沟洫可悦，何必江海之滨乎！麟阁可玩，何必两陵之间乎！忠良可接，何必海上神仙乎！丰镐可游，何必瑶池之上乎！"也许他在暗讽周穆王、秦始皇、汉武帝或隋炀帝，而且他还能自律以达自期，并使贞观之年成为嘉年。可惜他的子孙未必不会重蹈覆辙，是因为唐也并无什么制度予以保证。

函谷虽云险，黄河复已清。
圣心无所隔，空置此关城。

这是张九龄的诗。

公元713年，唐玄宗率群臣视察，至函谷关，祭了老子，动情，并歌以咏之。张九龄新任左拾遗，随从，奉和了一首，无非是歌颂而已，不过还有一些味道。唐玄宗即位之初励精图治，社会平安且繁荣，然而一切在变，黄河和圣心也都是会变的。公元756年，安禄山和史思明的士徒，翻越函谷关，闯潼关，唐玄宗不得不放弃兴长安，此乃张九龄可以预料的吗？

来亦一布衣，去亦一布衣。
羞见关城吏，还从旧路归。

岑参所吟。

岑参的边塞诗奇峭瑰丽，而性灵诗则难免略含哀怨。一度他在虢州任长吏，此地近函谷关，当然会游一游。郭丹入之为寒士，出之为大臣，但岑参却布衣来，布衣去，见到管理函谷关的吏卒遂觉惭愧。九州有几个郭丹呢？人都不容易，没有谁笑岑参，请坦然来去吧！

洪河绝山根，单轨出其侧。
万古为要枢，往来何时息。
秦皇既恃险，海内被吞食。
及嗣同覆颠，咽喉莫能塞。
炎灵讵西驾，娄子非经国。

徒欲扼诸侯，不知恢至德。

圣朝及天宝，豺虎起东北。

下沉战死魂，上结穷冤色。

古今虽共守，成败良可识。

藩屏无俊贤，金汤独何力。

驱车一登眺，感慨中自恻。

此诗韦应物所作。

这首五言一反冲淡高远的风格，骤然展现了激昂凌厉的一面。韦应物是长安人，三十岁以前任洛阳丞，遂能在函谷关登而眺之。这首诗触景生情，想到种种政权更迭及治乱存亡之事，并对安史之乱慷慨发议。凡唐人为诗，无不显示着丰富的知识和卓异的见解。作家学者化，作家思想者化，当是自然而然的，唐诗人多是如此。实际上凡有出息的作家，任何时代，任何国家，都应该是这样的。中国作家现在也已经意识到这是一个问题，并由市场做出扬弃和选择了。

形胜今虽在，荒凉恨不穷。

虎狼秦国破，狐兔汉陵空。

这是司空图的诗。

究竟是到了晚唐，其诗不禁透出了末世的气息。函谷关还在，只是颓废不堪了。天下生变，这里多会有军事攻守。秦亡了，汉陵也处处寂寥，那么唐呢？家国之前途，想起来让人难免忧伤。

破落古关城，犹能扼帝京。

今朝行客过，不待晓鸡鸣。

这首是皮日休的五言。

其诗意绪复杂。函谷关虽然凄凉一片，不过它仍是长安之屏藩，可惜竟放任人的出入。深长感叹，以此而起。皮日休进士及第，得以在唐政府工作，官至太常博士。黄巢发动起义，他不顾身份，竟也参加了，并任黄巢政权的翰林学士，这是什么意思？

几度作游客，客行长苦辛。

愁看函谷路，老尽布衣人。

岁远关犹固，时移草亦春。

何当名利息，遣此绝征轮。

此乃于邺之思。

于邺显然颇为消极和沮丧，春至函谷关，但他却不能感到一点生气。羁旅之苦辛，实际上就是生活之辛苦。希望断了名利之欲，以停止四处奔波。人累了便会这样想，然而做不到，似乎于邺也做不到，是缘于人皆身不由己。

我注意到函谷关尝有鲁迅的踪迹，不胜好奇。那是1923年

8 月 9 日，他从西北大学讲学归去，途中登望了函谷关。他还在水滩上捡了两枚石子，以作纪念。鲁迅显然是一个有趣的人，敏感，容易对抗，是因为小时候的某种心理创伤所致，不涉其道德。

鲁迅不留函谷关的诗，我也不敢留了！

萧关

萧关为关中的北门，从秦朝到宋朝的十余世纪，它是萧瑟的朔方通向内地的唯一道路。秦始皇统一中国之后，担心匈奴进犯，迅速在此筑起长城，并派长子扶苏作为蒙恬大将的监军驻扎在这里，英勇的士兵，顶着边塞阴沉的乌云，警惕地瞭望着对面。秦朝瓦解了，但匈奴南下的野心却并没有放弃，于是在一个漫长的年代，荒凉的原野就常常有狂风的呼啸，在狂风裹挟着马蹄、尘埃、血腥经过之际，首当其冲的总是萧关。

悲哀的是，这样一个重要的地方，已经被冷酷的岁月之刀从现代人的印象之中刮掉了，在车站，我询问如何可以走到萧关，所有的人都在六月的阳光之下摇头，包括老老少少的司机统统不知道，而且萧关没有标记于地图。不过我是要到那里去的，尽管它已经被岁月湮没，然而我相信萧关会在什么地方沉默着。

班车驶出西安，经过咸阳，天就渐渐辽阔起来，稀薄的灰云之下，风开始凉爽，但地势却越来越高。一条山沟出现使人兴奋，多条沟横在面前就使人觉得危险。班车像一只甲虫爬行在千山万岭，它能否安全往返，那完全是命运的事情了。我常常产生这样的感觉：路仿佛是一条曲线缠绕在陡峭而裸露的悬崖上，一边是壁，一边是壑，如果司机稍一闪失，那么人将粉身碎骨。然而汽车终于走出了险境，于是天就更宽而地就更远了，只是村子越来越小，小麦竟仍是绿的，像瘦弱的蒿草在半坡摇曳。但苜蓿却生长得茂盛，紫色的小花凌空炫耀，其高度都在一米以上。在乾县、永寿、彬县、长武，随时可以看到成群结队的农民，他们提着镰刀从咸阳和西安收割小麦回来，所有的人都有一张疲倦而劳累的脸。

我就这样久久地在高原的沟壑之中旋转，不分东西，不辨南北。汽车常常要绕过十里八里开阔的峡谷才能前进三里五里。那些峡谷生长着杂树，杂树只有生长在峡谷才枝繁叶茂。然而并非所有峡谷都有杂树生长，往往是峡谷与它的两岸全然狰狞着破损的黄土与岩石。黄土与岩石将野草与杂木排挤在可怜的角落，但云却成群结队，忽聚忽散，即明即暗。云在戏弄着这里的土地，它偶尔才化几滴小雨赐予高原，于是这里就永远干旱，或者，云就化作疯狂的暴雨，让土随水而流失。暴雨洗劫之后的高原更加丑陋，仿佛是一群被损害被蹂躏的衰老的女人。忽然出现的几层梯田，它当然是人类改造自然的成果，不过它立即就过去了，扑面而来的是光秃秃的山头和赤裸裸的沟壑。我感觉改造这样广大的贫瘠地域，是多么艰难。

十个小时之后，班车到了甘肃的肖金，这是一个小镇，一柱残破的砖塔挺立于集市的中心，成为它古老的标志。乌云翻卷，零星的冷雨在风中滴落。我夹杂于稀落的人群之中，这些人群有的卖吃卖喝，有的卖菜卖肉，有的钉鞋镶牙，有的做刀制剪，但众多的人却在无所事事地游转与张望，尽管人群熙熙攘攘，不过给我的印象是，肖金多么孤独和偏僻，而且被无穷无尽的荒漠包围着。我茫然地望着没有树木和花草的小镇，一种异乡之旅的感觉强烈地向我袭来。我没有想到六月的风在这里竟是如此寒凉，穿着黑色或蓝色衣裤的人看着我在瑟瑟发抖。我继续询问萧关的位置。我询问了几个人，最后向一个戴着眼镜的老者打听，他坐在一个小凳上，悠然地等待着修锁的顾客，但他却仍然是摇头。

沉重的暮色从远方铺天盖地而来，人群仿佛接到了命令似的开始散去，一种我从来没有体验过的寂静控制了肖金，那些迟疑在集市的最后几个农民向我打量，很显然，拎着包穿着汗衫的我引人注目。一辆三轮车停在路边，年轻的司机不慌不忙地招揽着顾客，他知道，这里已经没有班车了，要到县城镇原去，必须乘他的三轮车。几个农民已经向他讨价还价了，他们也是刚刚从西安和咸阳收割小麦回来，他们蹲在一所商店的廊檐下面休息着。我就是坐着这辆三轮车赶到镇原的，十二个人无疑是超载了，司机在路上停了几次，反复检查车头与车厢的连接之处，惊慌的神色始终隐藏在他的眉宇之间。司机害怕翻山越岭的时候，轴承忽然断裂。乌云笼罩着四野，唯乌云断裂的一片天空才明亮一点，它很像一块白色的纱布。白杨承受着冷雨的敲打，它们萧萧排列，郁郁葱葱。

到了镇原，天已经完全黑了，不过在茹河对岸，这个简陋县城的温馨和宁静，我是感觉到了。我在这里待了一夜，而且幸运的是，我走进了文化馆和博物馆所在的院子，那里的一个工作人员翻出了志书，为我查找着萧关。志书这样记载：

> 萧关位于甘肃镇原与宁夏固原之间，秦汉以来，为华戎之大限，襟带西凉，咽喉灵武，实为北面之险。现处白草洼村庄附近。

于是天明之后，我就继续前行。我依然是坐着班车，班车依然是一会儿跌入沟壑，一会儿跃上山顶，所不同的是，经过之地，人多半居于窑洞，少半住着平房。那些窑洞挖掘在一面高大的土崖断面，椭圆的窗门都向着阳光，粗壮的狗或卧躺于树下，或游走在墙根，长长的毛零乱地垂在身上，并不理会班车从自己的家乡走过。牧羊的小伙扛着一把小小的锨，赶着绵羊在坡坎啃草，高原苍苍的天空之下，他们显得渺小而孤单。路的两边，有一种茂密的植物，叶子巧细，枝干斜出，结着指甲大小的绿果。农民告诉我，这是酸枣，可以制酒。

我在孟庄下车，它是一个白杨围拢的村子。从这里，可以步行到萧关。此时此刻，我不能确切地知道萧关是什么样子，不过我已经清楚地知道萧关所在的环境了。雨已经被淡白的云化解了，萧关的云简直是无穷无尽的。这是一种若断若续的活动的云，瓦蓝的天色偶尔才显露而出，那是云在飞行之际不慎断裂了而展示的宇宙的一角。只是云立即便能缝合，遂使那些瓦蓝随之消失。尽管云将天空满满占有了，可你却感觉不到沉闷与压抑，感觉不到雨的降临。萧关的云是这样一种淡白的云，它绵延而轻松。但萧关的地却使人沉重，它是那样的平坦，那样的贫瘠，小麦生长在那里，显然是由于营养不良，其麦秆纤细如丝，麦穗小巧如蜂，而且稀疏得能够看到黄色的土壤。天地之间，一股浩荡的气流忽来忽去，它是萧关无形而有力的风。

萧关实际上是长城的一个缺口，它的西段已经坍塌并消失在广袤的原野了，已经融在土壤之中，并生长着瘦弱的庄稼。它的东段还残留着，这是因为从这里开始，出现了沟壑，古老的长城就从险恶的高原的脊梁爬过去，除了风雨，除了冰霜，除了赤日炎炎，人是难以破坏它的。我走过田野，轻轻地登上长城的一堆，它的两边都是深渊，一边是甘肃镇原的白草洼，一边是宁夏固原的草滩沟，平和的天光之中，向阳的窑洞是那样的寂静，远远可见狗在小路上游走。

这里的长城不过是凸出地面忽隐忽现的土丘而已。如果不是正在锄草的一个农民告诉我它就是长城，那么我将不能认出

战国秦长城墙体

它，因为两千年之久的风霜雨雪，已经剥蚀了它的坚固与高大。不过我站在比较突出的一处，仍能感觉它的气势，并能看到它从苍茫的地面蜿蜒而去。它跨过一个又一个的山头，不管有人还是无人光顾，它都那么默默地凝固着，任凭岁月将它夷平，任凭野草将它染绿。我想告诉你，在裸露着黄色土层的沟壑之上，唯有长城的一段覆盖着一层茸茸的绿。

公元前166年，匈奴以十四万骑兵入侵萧关，随之直指甘泉，进行疯狂掠夺。汉文帝遂以朝臣周舍和张武为将军，派战车千乘，骑兵十万，驻扎长安周围，防止匈奴进犯，同时派卢卿为将军前往上郡，派魏连为将军前往北地，派周灶为将军前往陇西。汉文帝亲自慰劳部队，并准备亲自率兵征讨，朝臣和太后苦劝，他才得止。最后决定由将军张相如、董赤和栾布率兵赴萧关，打击匈奴。匈奴闻风丧胆，撤至塞外。可以想象，那时候，乌云笼罩着萧关，尘土之中，铁马金戈，旌旗战鼓，是多么紧张和恐惧，多么强大和恢宏。不过，我看到的六月的高原显然一片宁静，萧关在水土流失而破败的黄土之上，默然无声，唯有白草在那里生长。

在地球的这个偏僻的一隅，一天只通过一次班车，所以我是不能复返镇原了。那个锄地的农民叫王声，他带我到白草洼自己的家去，我将投宿此处。这是一个刚刚二十岁的农民，精瘦而黝黑，一双明亮的眼睛一直不能正视我。他小学毕业便回家劳动，现在已经是两个孩子的父亲。白草洼是一个深沟，贴着三面土崖，全住着人家。这里瓦无一片，砖无一块，庇护此地居民的，当然是窑洞。高原的太阳，长年累月地照着白草洼，晒得那些土崖都发白了，干得像火烧了一样。几乎没有大树，三棵五棵小树在院子立着，全是耐旱的白杨。一个陌生的人到了白草洼，惹得居民都从窑洞出来围而观之，女人抱着孩子，用茫然的眼睛远远地向我打量。这里有十八户人家，其中四户是杂姓，其他十四户都姓王。王声告诉我，他们是一家分开的。走在弯曲的小路上，可以看到深沟有一条褐色的溪水，它缓缓流淌着，随时都可能干涸。这里的人所饮用的就是那些溪水，早晨，他们赶着驴子去驮，如果它枯竭了，那么就必须到长城对面的一条深沟去驮，那已经是宁夏的固原了。溪水是浑浊的，喝在嘴里，舌尖有一种涩而稠的感觉。

王声一家四代同堂，他的祖母才六十五岁。我步入院子的时候，她正在抓食喂鸡，高挺的身板和宽大的手掌，给我一种强悍的感觉。这个有六个儿子的老人，瞥我一下，就忙她的事情了。王声的父亲患着感冒，通红的脸颊，无疑是发烧的症状，看到了我，就从炕上爬起来，招呼一声，蹲到一边卷烟抽了。我没有发现王声的妻子，她正躺在别的一面窑洞，她的二胎孩子才三个月。

在窑洞，我所见的带有现代文明色彩的唯一一件东西是热水瓶，王声给我倒了一杯水让我喝。天光将窑洞照得很清楚，那用木架支撑起来的案板，放着刀、擀、勺、碗，瓦盆中的面

在白草洼远望战国秦长城

粉正等着水调和。瓷缸蹲在土壁一角，水已经所剩无几了。几个黑色的瓦罐并排在窑洞的角落，王声告诉我，那里装着玉米和豆子之类。皱皱巴巴的炕上，覆盖了一张干硬的油布，下面是被子。夜晚，我将在这个炕上睡觉，这是王声的安排。

西方的天空，有一朵长形的云，它的白色消退之后，黑暗便沉重地压迫了整个高原。我站在窑洞的顶端，感到萧关的气氛原始而恐怖。没有星月的天空，成了一匹平滑的盖子，既无缝隙，又无褶皱，但大地却隐隐显露着地球的嶙嶙骨架，其中逶迤而去的长城，活跃在我的想象之中。古代的士兵，曾经在此抗击过匈奴，曾经在此守卫过家园，他们的鲜血曾经渗入土中，他们的头颅已经抛入沟底，然而现在呢？历史是一个怎样残酷的过程，新的年岁多么轻易地就冲刷了旧的岁月，想一想萧关，有几人知道呢？出生在萧关周围的人，当然是知道的，但他们却难以将萧关告诉世界。萧关之外的天地对他们是陌生的，他们难以步入其中。在这里，他们过着日出而作日落而息的生活，长城附近的土地，为他们提供粗糙的食物，他们的人生只能是自生自灭。也许在冥冥之中他们知道自己的归宿，所以他们要依靠迅速的繁殖使生命延续。漫长的黑夜，没有灯光，没有娱乐，他们怎样度过这黑夜呢？睡觉是唯一的形式，当鸡上了架子，当风在沟上沟下流窜，他们就爬到炕上睡觉了，不过怎样才能排遣生命的寂寞呢？他们只能在生命之中寻找乐趣，于是黑夜就成了他们孕育生命的汪洋大海。我没有一点贬低他们的意思，我很清楚，王声一家对我是那样地恭敬和诚实，从他们的眼睛我没有发现一点伪诈的神色，这是我从自己生活的城市之中很难得到的。此时此刻，他们正在窑洞的炕上躺着，风和黑暗拥挤在窑洞的门窗之外。狗忽然撕咬起来，凶恶的叫声在高原显得空空荡荡，但它却成了黑夜的突然兴奋的神经。萧关，你不能像死了一样沉默！

朱按：此文作于1991年

三至萧关

萧关究竟有多少个点，也许通过考古发现才能证实。

我第一次往萧关去，是 1991 年初夏。有时候我会告诉人，我是在 1992 年赴萧关的，这是因为 1992 年我去过关中很多地方，混淆起来了。

第二次至萧关是 2002 年春天。我带着中央电视台的一个纪录片摄制组，他们要拍萧关。我颇为不快，是遭遇了宁夏固原的薛先生。他坚持认为萧关在固原，要镜头摇过去。我带摄制组看的萧关在甘肃镇原孟庄行政村白草洼自然村。这是 1991 年初夏我调查的结果，并无偏见，也无私心，然而薛先生咬定萧关在固原。我觉得他的观点难免有地域利益的牵扯，这使我失去了继续工作的兴趣，遂止步返身，归去来兮！摄制组瞠目结舌，不过这有什么办法呢？

现在看起来，萧关不是一个点。它应该是一个带，处于战

爬满野草的战国秦长城

国秦长城沿线上。战国秦长城遗址，甘肃镇原有，环县有，静宁也有，宁夏固原彭阳有，西吉也有。

起码在公元前16世纪，就有义渠人在今之宁夏固原及六盘山一带生活，其渐渐东移，迁居陇东，今之甘肃庆阳一带。他们属于羌人的一支，是周人的朋友，曾经一度臣服于周。周平王到了洛邑，义渠人在今之甘肃庆阳宁县立国，遂有义渠国。春秋战国以来，义渠与秦相争于陇西。公元前272年，秦昭襄王灭义渠，得其地，置陇西郡和北地郡，连接了上郡，便筑长城以阻胡。

假设萧关在战国秦长城沿线上，那么会在甘肃镇原或别的地方有它的点，也会在宁夏固原彭阳或别的地方有它的点。若如此，我和薛先生应该握手，何况甘肃镇原与宁夏彭阳本为紧邻。我在白草洼看到的秦长城，就起于甘肃镇原，跨越宁夏彭阳的山脊，向西逶迤而去。

由蓝天、白云和风所烘托的秦长城，总是引我进入战国及秦汉，让我想象匈奴冲过萧关侵犯关中的日子。

2019年7月2日，我第三次往萧关去。

到了萧关，每每兴奋，看了看时间，是14点25分。太阳豪晒，不过风卷着白云迅疾而飞，遂会露出大片的海水一般清澈的蓝天，根本不觉得热。

我视白草洼战国秦长城为萧关，是缘于甘肃镇原的县志及我的调查。经过长期的琢磨，我意识到，也许应该在广阔的地理上理解萧关，才能准确地认识萧关。

萧关是关中的北门，它是为保卫关中置造并存在的。离开了这一点，将迷失认识萧关的方向。

战国秦长城的萧关是一个基础，之后的汉萧关、唐萧关，甚至宋萧关和明萧关，尽管防御的对象一再变化，不过来者都要破北门而进入关中。当然，来者不同，萧关的防御点也不同，这使萧关也一再发生移动。

萧关的变化颇大，但它的资料却极少。不管见诸正史还是野史，皆鲜有完整或连续的记录。然而认识的难度，恰是认识的乐趣所在。

唐诗研究专家杨恩成教授也考察过萧关，我在路上的时候，他还热情地打电话告诉我，萧关在宁夏泾源大湾乡瓦亭村。我甚是感谢，不过我知道他所指的萧关大约是唐萧关。我要看的萧关是战国秦长城的萧关，距关中远。关内道是唐的检察机构和行政区域，萧关隶关内道，而且距关中近。

唐政府在萧关布兵，旨在保护丝绸之路的贸易，因为丝绸之路的北道从此经过。

萧关在唐诗中不仅是一个要隘，也是一个沙场，更是一个意象。王维诗曰："单车欲问边，属国过居延。征蓬出汉塞，归雁入胡天。大漠孤烟直，长河落日圆。萧关逢候骑，都护在燕然。"情景交融，阔大悲壮。王昌龄有诗道："蝉鸣空桑林，八月萧关道。出塞入塞寒，处处黄芦草。从来幽并客，皆共尘沙老。莫学游侠儿，矜夸紫骝好。”志尚散逸，厌倦战争，确乎是难能可贵的表达。

萧关，不管是谁的萧关，它都以六盘山及其河谷为凭险。萧关皆在此空间，这是问题要害。

六盘山包括陇山，是关中的屏障。它狭长，略有东西之偏，几近呈南北方向，坐镇于今之陕西、甘肃和宁夏。凡匈奴、吐蕃或党项，要进入关中，多逾六盘山。逾六盘山，实际上走的是河谷。这里的泾河、清水河和葫芦河都是通道。茹河汇蒲河，蒲河再入泾河，当然也是通道。战国秦长城的修建是根据旷野、山势和水向所修建，遂不会是直的。在六盘山的范围，它大体是一带。这样，萧关也就不是一个点了。在六盘山区域，萧关应该是结块的，组的团，一块一块，一团一团的。它是天设与人造结合而形成的链状军事设施。

权力是更迭的，然而关中不变，六盘山不变。尽管萧关会随着王朝的兴衰而移动，不过无论如何它要凭险六盘山以保卫关中，遂悉在六盘山的境壤。

萧关的中心点会在什么地方呢？不同世代的萧关会有不同的中心，这都需要考古才能确定。如果以弹筝峡或今之宁夏泾源三关口为萧关的中心，也需要考古才能确定。若认为不同世代的萧关的中心可能重叠在一起，它也需要考古才能确定。

萧关始终让我激动。一旦发现它的蓝天、白云和风，倾身黄土似的秦长城，抚摸秦长城上的草，我便想起第一次和第二次在萧关的经历，当然也会想起王声一家。

徘徊长城内外，思绪正在联翩，忽然发现长城以北的灌木丛中闪出一个老人向我招手，接着他跳下一个坎，跑了过来。

老人王志秀，七十七岁，是王声的父亲。他几乎是扑过来，拉住了我的手。也许老人无法预料我会一次又一次到萧关，盘桓于白草洼，遂一次比一次强烈地喟叹。

1991 年初夏那次，老人感冒了，蹲在窑洞前。王声带我进了院子，老人态度不热，也不冷。老人的母亲还在，她走来走去，撒着玉米，给鸡喂食。王声也有了儿子，是二胎，出生三个月了。四世同堂，这在当代社会是罕见的，然而萧关有一户，便很是惊奇。

老人怎么也没有想到我又来了，第三次来，遂睁大了眼睛，盯着我，不胜感慨地说："我那孙子，当时三个月大，今年已经二十八岁了，在深圳打工呢！当年你还是一个青年！"我也很是感慨，然而不愿意流露，控制住了。

2002 年春天那次，他一家人都显得比较沉闷，唯王志秀热情高涨。老人带摄制组从一孔窑洞出来，又进另一孔窑洞，让看炕，看锅，看粮缸和电灯。摄制组安排他怎么站、怎么坐，他就怎么站、怎么坐，可惜他家没有电视机，将无法看到萧关的节目。

老人显然颇为兴奋，寒暄以后便引我看他种的菜、养的鸡，看他的一孔又一孔的窑洞。他忽然就伤感地说："我妈八年前死了。我老婆两年前得了脑出血，今年又犯了，现在住院呢。”不过他的精神看起来非常好，我遂说：“你身体很厉害呀！”他笑着说：“瘦得很，才八十斤。”我想起他从灌木丛中闪出的样子，便问他：“太阳正晒，你在树林里干什么？”他笑着说：“我拾柴呢！你不知道，窑洞湿得很，夏天也要烧炕呢！”

院子增添了一孔新的窑洞，是他打出来的。所谓打出来，就是用镢头对着土崖一下一下挖，一下一下掏，三年而成。院子还造了三间瓦房，是王志秀兄弟的。我没有见过他兄弟，三至白草洼，一次也没有见过。

我在秦长城遗址到处游荡，看来龙去脉，看墙基，又看墙体，仰观诡谲的长空，又环顾迷茫的沙塞，想象秦兵当年在此怎么食宿，怎么防御。

考古促进了研究，并使战国秦长城的面目清楚了一些。秦长城的修建，目标一定，原则灵活，这便是根据形势，因地制宜。遇到平畴，就在附近取土，挖下去，打基础，再筑起来。夯层之厚往往在五厘米至十三厘米之间，宽八米左右，向上略收。其形态总体是外壁陡峭，内壁稍斜。取土之处成为凹陷，当然也做了阻止进犯的壕沟。遇到河流，遂沿岸营作，以造其墙。遇到山脊，便让塞垣顺山脊而走。我以为草滩沟一段的长城，就是顺山脊修建的。秦长城尽是土夯，没有发现有包砖的，原因大约是时间紧，制砖不易。每隔二百米至三百米，会建矩形墩台，它突出于长城，以利于箭射侧面的袭击者或强攻者。在秦长城的一些要隘和特峰，修有烟火报警的烽燧。

老人一直跟着我，他还指了指一个林壑，大约希望我下去看一看。林壑应该是草滩沟吧，属于宁夏彭阳，其向地下倾斜，树在沟底，柯蔽崖岸，气象魔幻，幽暗不可测，我没有下去。我三至白草洼，一次也没有下去。也许我有一个伙伴，才可以至草滩沟一探。

秦长城遗址终于受到了保护，这使我感到欣慰。我对所有遗址都怀着一种深情，觉得它属于整个人类，是人类进步的见证。资料显示，战国秦长城的保护高度，一般在一米至三米之间。彭阳县人民政府在2014年8月为草滩段的战国秦长城立了碑，并在秦长城遗址两边埋桩拉网，形成栅栏。不过白草洼一边的秦长城是开放的，我爬上去，踏着秦长城丰茂的蓬蒿走了走，老人也随我走了走。

我猝然意识到应该给他照一张相，便让老人站下，随意一点。他站下了，然而还是庄严着。他问要不要卸掉草帽，我以为戴着草帽才是老人的正常状态，便叮咛他还是戴着。在我照相机的镜头中，有蓝天、白云和风，王志秀老人瘦而黑。

这一家仍保持着四代同堂的兴旺。老人有两个儿子，王声是二儿子。老人有孙子四个、孙女一个、重孙三个。

告别萧关，归途之中，夕阳在天，只见无穷渲染的余晖映照着无尽展开的沟壑。黄色的大地苍凉一片、宁静一片，也是红光一片。

跟王志秀老人在战国秦长城遗址上

公元前166年冬天，匈奴十四万骑入朝那塞，破萧关，杀了北地郡都尉孙卬，直抵彭阳，寇关中，烧回中宫，逼向甘泉宫。长安骤然紧张，不过汉军也迅速在渭河北岸集结，有战车千乘，骑兵十万，以备匈奴。汉文帝遣三将率兵奔赴陇西郡、北地郡和上郡，坚强屯守。汉文帝还打算亲征匈奴，以群臣和皇太后劝阻，他才未去。于是汉文帝就任命了三个将军张相如、董赤和栾布，让他们率兵迎击匈奴。匈奴骚扰了一个多月，撤退而去。

朝那塞就在茹河以北，今之宁夏彭阳以西。我以为萧关就在朝那塞一带，也许就在白草洼。

黄昏渐渐降临了，不过我并无急迫之感。我很踏实，我知道长安的灯火之中有我的家。和平真是一件幸福的事，人啊，要珍惜她！

金锁关

关中向北的通道，大势在子午岭和黄龙山之间。洛河穿梭其谷，多少指引了人的往来。通道南端为金锁关，北端是延安。

黄土高原创造了无穷无尽的丘陵和沟壑，其疏松易塌，不利车战，也不利骑战。10世纪以前，这一带罕有规模巨大的征伐，原因大约就在丘陵与沟壑的阻挡。

不过也并非绝无烽火，公元291年，在马栏山就发生了一场攻守战。晋赵王司马伦是司马懿的九子，这一年官拜征西将军、开府仪同三司，镇守关中。以其刑不公，赏不平，招致氐人和羌人的反叛。北地太守张损阵亡，别的吏卒也多殒身。张光任北地都尉，率百余人守卫马栏山北麓。氐人和羌人气焰嚣张，非除灭张光及其部属不可，包围了百余日。张光对士徒又安慰，又鼓励，并一再用计袭击。司马伦被征召回了洛阳，张光终于盼来晋梁王司马肜遣征西将军索靖领兵支援，士徒无不悲

陕西省第六批文物保护单位
金锁关关址及题刻
陕西省人民政府
二〇一四年六月九日公布
陕西省人民政府立
二〇一四年七月

金锁关遗址碑

泣。彼此协同抵抗，突破了包围，遂得以归长安。

建金锁关有一个漫长的过程，大约在1127年以后，女真人欲得天下，北宋既亡，南宋甫立，这时候才产生了建金锁关的意思。王庶时任鄜延经略使知延安府，节制陕西六路军马，奋力反击金兵劫掠关中。他是宋政府一位尽职尽责的人，见金兵离开关中，东行而去，遂令宋军驻扎神水峡，以断金兵再返关中之路。孙子曰："兵者，诡道也。"确实如此，金军旋踵又回关中，以犯永兴军路，就是以关中为重的一个行政区划。我以为在神水峡以武力守卫，从而阻挡金兵的举措，孕育了筑金锁关的想法。

可惜之后二百余年间，关中先在女真人手上，后在蒙古人手上，设金锁关是没有意义的。

选一个隘口，造金锁关，当是在16世纪明世宗执政之际。虽然有长城，不过蒙古人还是会南侵，延安一带屡遭其寇。俺答汗是明蒙古土默特部的首领，其控制范围抵达长城，不仅以武力之威胁要求开放贸易，也觊觎关中的富饶。

张珩任陕西总督，主张修金锁关，以作防御。虽然营构金锁关是张珩的建议，不过他并无机会予以实施。

1546年，明世宗认为张珩对蒙古人的反击败多胜少，但他却以捷闻获得赏赐，属于欺罔，遂定罪谪戍。任延绥巡抚的张子立也以欺罔之故，谪戍边塞。

资料显示，置金锁关是1553年。

金锁关有城，以崖作垣，以岩为壁，夯土之墙颇少。其门有三，一在同官河西，一在搬转山或女回山南、柳林河北，一在搬转山东或女回山东、淌泥河西，皆以石砌。金锁关立有巡检司，属于部队的基层组织，不过其隶耀州。

尽管士徒守卫着金锁关，然而一旦有农民起义军进攻，它还是显出了自己的脆弱。1630 年，一队起义军从宜君冲过来，破门入城，杀了巡检司的王廉。三年以后，张献忠率众克金锁关，激愤之中，放火烧城。

转瞬之间，清取代了明。也许康熙皇帝觉得金锁关作用不大，竟同意金锁关的守备驻耀州，似乎要撤销这个基层组织。果然，1677 年或 1678 年，废金锁关。

明金锁关遗址只剩下了一些痕迹，它在陕西铜川金锁关镇。山是群山，路有三岔，谓之三岔道口。人不多，车也不多，不过车比人多。蝉鸣一声，更显金锁关之静。

夏天的阳光还不到酷热的程度，不过也需要觅阴处行了。街道宽有两车，左是店铺，右也是店铺，可惜十有九歇，冷冷清清。

从西安到这里，共用三个半小时，已经饿了。走进唯一开张的餐馆，在门口向里环顾，看到活动的人仅是老板和老板娘，他们正相互配合，分割其肉。老板娘拿着一块肉向老板的刀下推，老板抬起眼睛向门口略做扫描，便低头挥刀向肉，其肉遂裂。看起来难以进食，遂退出餐馆。因为还有别的选择，所

金锁关明关城土墙

以才敢退出，若当地独有这一爿餐馆，怎么也得吃！人就是这样，可上天，可入地。

我一边向铜川市金锁中学走，一边给冉老师打电话。他是朋友介绍的，教地理课，对铜川地域文化颇有研究，我希望他指示一下金锁关。他一笑便露出两排白牙，很是清新。

他引我走了几步，靠近三岔道口，便面向群山说："三岔道口或三关口，就是这里。没有如此险峻的形势，不存在金锁关。"

他回头指着洒满阳光的街道说："这条路从金锁关通西安。"又转身指着偏西北方向的一条路说："它通宁夏和甘肃。"又摇足指着偏东北方向的一条路说："它通延安。金锁关主要是对延安一带进行防御的，因为从延安一带过了黄河，就是山西，山西以北，就是冀州，幽燕之地。从宋到明，从 10 世纪到 17 世纪，北方对中原始终存在着一种压力。"

冉老师指着群山的几个高峰说："靠北的这座山是女回山，也就是搬转山；靠东的这座山是马栏山；靠西的这座山是仲家山。三山雄峙，成为天堑，置一个金锁关非常合适。"

冉老师缓了一口气，才指着女回山下向南流的一条河说："这是同官河，水并不大。它是由偏东的淌泥河和偏西的柳林河交汇而成的。相激之处，正是三关口，或是三岔道口。"

冉老师三十二岁，是铜川人。我感谢了他，便凭着自己的兴趣寻寻觅觅，他也返校开会了。

金锁关三关口

我上了马栏山，见林壑草丘，绿色酝酿着绿色，连绵不断，广袤无边，让人顿觉旷敞。鹰在白色的巉巇一鸣，振翮而飞，没有陪伴，是一只孤独的鸟。我不禁想到了3世纪，北地都尉张光。他曾经在这里抗胡百余日，不亦壮乎！马栏山，也就是马兰山。

遥望女回山，无风无云，唯有深邃的可以使灵魂陷入的蓝。天蓝得厉害，仿佛宇宙融化了。

范喜良新婚之中，为衙役所抓，押他往边塞去修长城了。孟姜女思念丈夫，又怕他衣单受冷，乃至边塞见范郎。岂料丈夫死了，他的尸骸也埋进了长城。她悲痛不已，连号三天，竟哭倒了长城。白骨露出，累累而积。孟姜女设法认出自己的丈夫，用衣服包裹了范郎回家。到了梁山上，口干舌燥，哀苦之至，流下了泪水。真是神奇，泪水落到地上，黄壤渐湿，忽然化为清泉。

孟姜女喝了泉水，精神倍增，便继续回家。陕西宜君的哭泉镇，就是对她感天动地出现神奇之事的纪念。然而，秦始皇震怒，因为孟姜女哭倒了长城。一队衙役追踪而至，要缉拿她。她刚爬上一面坡，便看见几个衙役向她跑过来。很快就回家了，怎么能被抓呢？何况还有丈夫的尸骸。孟姜女猛地一扭，一座东西向的山便移成了南北向的山，那些衙役也都消失了。女回山或搬转山就是这样产生的，其中不仅蕴含着人民瑰丽的想象，也凝结着人民强大的意志。

铜川黄堡镇有孟家塬村，2018 年 6 月 7 日，我尝到过这里。孟家塬田畴木茂，鸡在啄食，人谓孟姜女之故里。

实际上我一直在想宋的遭遇，觉得宋弱，宋悲惨，宋不幸。陈寅恪说："华夏民族之文化，历数千载之演进，造极于赵宋之世。"是的，宋词、宋画、宋书、宋之理学，共同养育了一种高雅的精神。这种高雅的精神，甚至在日常的世俗生活中也有浓厚表现，从而俗不失之高，俗寓于雅，俗也有趣，俗也不俗，处处涵濡着一种文化修养，并使中国文化得以继续提升。遗憾宋缺乏强大有效的军事系统，遂不得不弱。

宋自其诞生之日起，便面临着北方的抢占、蚕食或吞并。北方寒冷，比不得中原和长江流域的土沃物阜、时和岁稔，也比不得宋的经济发达。这样，北方对宋的战争就难以避免。

辽是契丹人的权力机构，立于公元 916 年，早于宋。至公元 979 年，辽与宋以贸易摩擦，发生战争。打了几十年，终于和议，相约彼此为兄弟之国，宋为兄，辽为弟，不过兄向弟岁输银十万两、绢二十万匹。

1038 年，党项人李元昊自谓皇帝，自号大夏，宋呼其为西夏。宋以边藩视党项权力机构，一旦李元昊独立，宋便兴师问罪，从而战争发生。断断续续，共有五次战争。然而还是会和议的，结果仍是宋予以西夏银、绢和茶。

宋与辽的冲突尚未结束，宋与西夏的冲突也尚未结束，当此之际，女真人的权力机构，金出现了。

女真人在10世纪附属于辽，1115年，其攻辽的黄龙府得胜，宣布为金。宋与辽竞争，金背叛了辽，那么宋跟金完全可以联合起来夹击辽了。这符合逻辑，宋跟金也如此策划并行动，遂灭了辽。

果实如何分配，宋与金也有协商。辽亡以后，宋要收回以前所失的土地，就是收回为辽所窃取的土地。宋也不亏金，宋会将过去给辽的岁输银和绢转赠于金。然而金认为宋打辽的南京，今之北京西南一带，并没有得胜，不同意宋收回应该收回的土地。几经交涉，彼此相约：宋对金岁输银二十万两，绢二十万匹，又别输一百万缗，派使者祝贺金主生日及正旦，设置贸易市场。金对宋交割燕京之地。

宋和金显然已经不睦，何况彼此之间还有其他麻烦。有一个张觉，是辽的官员，投降了金，不过又为辽工作，金欲逮捕他，但宋的燕山府却收留了张觉。虽然金终于讨之并处死了张觉，不过金对宋还是不满。燕人马植，就是一改姓名李良嗣、再赐得赵姓的赵良嗣，在代表宋和金讨论夹击辽的时候，曾经答应给金糗粮二十万斛。金索之，宋不许，金对宋又是不满。于是金就兵分两路进攻宋，包围了汴京。

依照故事，和议吧！这一次，宋给金的钱物更多，而且割让去了太原、中山和河间三镇，尤为屈辱的是，宋尊金为伯父，还要以宋的亲王为质。尽管苛刻至极，宋也咬牙接受了。

不料包围太原的金军，竟以宋金和议的规定为援例，提出非分要求，并使之合理化、合法化，实际上这是勒索。宋责金败盟，搁置和议，并令太原、中山和河间三镇固守，随之调兵驰援。金又以宋无信为由，再困汴京，宋钦宗往青城去和议，金军竟扣押了皇帝。接着，金劫掠了大量财富，掳去了宋徽宗、宋钦宗、赵氏皇族、妃嫔、朝臣及百工技师。此谓靖康之变或靖康之难！岳飞曰："靖康耻，犹未雪，臣子恨，何时灭！"靖康耻，指此事矣！

历史学家认为：宋徽宗和宋钦宗北囚，是北宋的结束；宋高宗南渡，是南宋的开始。

金存灭宋之心，遂在1127年出师陷中原，对宋高宗疯狂追逼。在这样的背景下，金将完颜娄室率众进攻陕西。金军从河中府，今之山西永济一带，急渡黄河。其受到宋军阻击，遂改变地点，从韩城踏冰而入，过了黄河，连占同州和华州，破潼关，突袭永兴军路。永兴军路这一宋的行政区划，大约东起今之河南三门峡，西至今之甘肃庆阳，南自今之陕西山阳，北到今之陕西吴起。完颜娄室陷永兴军路之后，得意扬扬，鼓行而西。

宋臣王庶为鄜延经略使知延安府，节制陕西六路军马。金军占领长安以后，宋的尚书户部侍郎钱盖，传檄王庶，令其兼领环庆兵和泾原兵，当然是给他更多的权力和责任。金军在长安抢夺一番，企图顺渭河而东。王庶发现金军车载马驮，走得慢，可以奇袭。他令环庆指挥王似和泾源指挥席贡出兵，可惜这两个人都不想受王庶节制，没有出兵。王似和席贡不从王庶之令，泾原统制曲端更不从王庶之令。

金军希望迅速陷延安府，便整合其部队，奔向鄜延路。王庶在坊州，今之陕西黄陵一带，获悉金军的去向，便收纳游勇，夜赴鄜延路，发奋遏止。不过金军颇为狡黠，并未直接进攻延安府。其先绕道丹州，今之陕西宜川，占领之后，接着再奔向鄜延路。此间，王庶命曲端至耀州会合，共同对付金军，然而曲端也没有来。王庶率兵赶到陕西甘泉一带的时候，金军已经陷延安府。

在这个时候，王庶考虑金军再返关中的问题，遂令宋军毁桥，又指示刘延亮屯兵神水峡，以阻金军的归路。这个时候，大约是1129年。筑金锁关的理念，应该源于此。

从宜君流到金锁关的淌泥河就是神水峡。天兵带着七仙女回天宫，牛郎追赶，要留住自己的妻子。王母娘娘拦挡他，手一挥，做了一道虹。遮禁牛郎的虹化为水，便是神水峡，不知道何年何月，它俗成了淌泥河。

穿过一片树林，我看到了神水峡。我从此岸踩在石头上，跳到彼岸，又从彼岸踩在石头上，跳到此岸。神水不大，只是又细又薄的一绺，自高处向低处，曲曲折折地滑来，又滑去，上不见其头，下不见其尾。阳光灿烂，遂无明灭之幻。神水显然还清，在拐弯的地方一聚，形成一个潭，便见小小的鱼，黑色的，速游如纵。鱼能在黄土高原的边缘翔于神水，我真是诧异。

水流之处，全是石头。不是小石头，也不是大石头。石头卧在水下，水过石头，是遍布的水流。水流之处，是巨大的石头所构成的完整的河床。不知道水流了多少世纪，不知道过去的水究竟有多么深、多么急，总之，水已经磨损了石头，它坑坑洼洼，裂缝，窈陷，崩缺，有的发黑，有的发黄，极尽沧桑。

宋将刘延亮屯兵应该就在这一带，可惜十二年以后，金兵还是夺得了神水峡，并把宋与金的界线推到了淮水至散关一线：其南是南宋，其北是金。

神水峡在群山之中，对面就是女回山。在它坚硬的峭壁上，仍保存着陕西巡抚或别的什么人慨叹天堑的颂词和赞语。其辞当是石头的本色，即使风化了也会有一种美。不过今之高士用红漆涂饰了它，遂产生了脱颖而出的力量。

明的金锁关，还有几堵土墙耸立着。一截残垣断壁，几乎已经平于地面，并生长着杂草，不过它能证明这就是明金锁关。1553 年的这些土墙，在山河之间、草木之中和日月之下，仍回荡着一种通过武力要求和平的强音。

1208 年，南宋与金再二再三地进行了和议，结果是不仅追加了岁币，而且确定南宋与金的关系是南宋称金主为伯，金称南宋皇帝为侄。我必须指出：“是可忍也，孰不可忍也！”然而宋弱，还得忍。

不过北方以远，有蒙古人迅速崛起，这似乎是草原上一股新的风暴。西夏见势，便聪明地做了附属，终于投降，为蒙古人所亡。金已经霸道久了，蒙古人遂进攻金，夺得它的土地，包括它过去所夺得的宋的土地。宋和金曾经夹击辽，现在有了机会，宋和蒙古人又夹击金。不过风暴般的力量究竟是蒙古人的，遂在 1234 年灭了金。到 1271 年，忽必烈宣布元立。当此之际，宋就危险了。

虽然北宋已经嬗变为南宋了，元仍要独尊天下，不给南宋留下丝毫的空间。南宋也有英雄，并顽强抗战，誓死保卫南宋。遗憾南宋的皇帝一换再换，至 1278 年，登基的是六岁的赵昺，谓之宋末帝。元军不断进攻，南宋大臣不得不携宋末帝不断迁移。宋末帝逃到广东的崖山，元军也追到了广东的崖山。这里背靠峻岭，面向大海，皇祚闪闪烁烁。

南宋军和元军决战大海，厮杀激烈至极，而元军则占上风。1279 年 3 月 19 日，左丞相陆秀夫守护着宋末帝，坚决避免被元军掳去。怎么办呢？陆秀夫哭了，拜了拜幼主，便把黄金国玺系在腰上，背起七岁的宋末帝奋身一跃，跳入大海。此消息很快让大臣、将士和皇亲知道了，大约有几万人绝望而泣，也纷纷跳入大海，南宋亡。

宋弱，宋悲哀，宋不幸。宋的结局，我想一次，心疼一次，不知道已经心疼多少次了。

元的残酷统治，导致了红巾军起义，并在 1368 年推翻了它。明立，不过明也会亡的。

生存永远是一件艰难的事情。命运由天掌握，然而奋斗是必须的。也许奋斗，天还会予以保佑。

石门关

石门关是有一点特别的，它并非处于某种交界或某个边陲。

其在今之陕西旬邑石门关村一带。

子午岭向南冲激，势大遇阻，遂起伏盘错，顶点海拔一千八百八十五米，而余脉则凝结为石门山。林壑蔚然，草坡望之如茵，履之如茵，坐之如茵，卧之如茵，也念之如茵。

不知道什么时候，石门山的一段悬崖彻底断开，对峙如门，遂为石门关。

方志有云：“石门山，亦名尧门，尧凿之以泄洪水。”不过这个故事演变为尧凿山为门，从而有了石门关。

公元前364年，秦晋相争，曾经战于石门山。也许彼此是小打，所以影响并不大。

赋予石门关以军事意义的，应该是秦直道。没有秦始皇下令，秦直道当然也难以开辟。

事情是这样的：公元前215年，有卢生为秦始皇寻找长生不老之药，难矣哉，未能觅得祖龙想要的药，不过倒是发现了一册图书，便献上了。其中一言曰："灭秦者，胡也。"秦始皇又惊诧，又恼怒，遂遣将军蒙恬率兵三十万征伐匈奴。胡，此情此境，指的是匈奴。秦军强劲，竟一举驱逐匈奴过了黄河。秦军夺得黄河以南的土地，包括今之宁夏灵武至内蒙古杭锦后旗以南。秦军乘胜追击，逾越黄河，又夺得阴山以南的土地。为防御匈奴，在各个道津筑了亭障。公元前213年大建长城，西起临洮，东至辽东，袤延万里。到公元前212年，秦军及芸芸徒役，又堑山湮谷，急修直道。其从九原郡，今之内蒙古包头九原区孟家梁古城，或三顶帐房古城，或麻池古城，到秦林光宫，汉甘泉宫，今之陕西淳化凉武帝村，大约一千四百里。

秦直道穿石门关而过，石门关就留在了世界上，留在了陕西，留在了关中。

夏天的阳光几近直射，不过渭河北岸山耸峁隆，野风起于高原。风从一片土地吹到另一片土地，遂生爽朗畅快之感。

石门山究竟是什么形势？我来了，要看一看它。

既然秦直道穿石门关而去，我便踏着秦直道前往。也许是做了手脚，或是经过了化妆，一种原始的气息已经消失了，这令我颇为扫兴。所标识的秦直道，固然在峻岭之间，不过它宽阔，平坦，中间凸，两边低，太规整，太漂亮。路上没有丛莽，

石门关远望

只露着星星点点的草。细碎的石子撒在路上，不像两千年或两百年的石子，甚至不像二十年的石子，是毫无包浆的。尤其在秦直道两边置有粗劣的雕塑，马呀，车呀，剑呀，将军呀，不仅材质差，艺术更差，十足地弄巧成拙。几面旌旗迎风就动，背风就静，真是假得可以翻天覆地了。唯秦直道周围的峻岭还保持着自然的样子，是壑是岩，皆从蓬蒿之中蹿出参差向上的杂木。

希望通过旅游产生利润也是能理解的，然而不可以不尊重历史遗产。随意改变秦直道的面目，也许算不上艺术，更算不上科学吧！

石门关之间有一条沥青路，是在秦直道的基础上铺砌而成的，可以行人，也可以行车。从陕西耀州或陕西淳化的方向走过石门关，我并不觉得奇险，甚至感到这里平平常常。然而一旦走过石门关，回头仰望，遂见蓝天之下，峭壁分裂，形成巨大的缺口。没有这个缺口，便不得行人，也不得行车。我不禁轻念着："石门关！石门关！"

斜向一边的峭壁雄浑岨固，而白云则如棉花似的浮动在绝顶的树枝上。立面发褐，多有风化，甚至蚀成了蜂窝状和几何状。缝隙渗水，或凝为黑渍，或锈为青苔。几只鸟从动的一柯飞到静的一柯，鸣啼不止，起落不定，表现了足够的从容和喜悦。和平不仅是人类之福，也是鸟之福。当秦兵开过石门关之际，不知道这里是否有鸟？如果鸟害怕，跑了，它们会栖息于何处？如果鸟不退出自己的园地，它们恐惧吗？它们会是什么状态？

倾向另一边的峭壁巉剥尖刻，横现锐角，纵呈剑棱，似有必插宇宙之心的力量。树枝挑白云，白云撩树枝，遂使绝顶颇为壮丽。

朋友说：“扶苏庙在巅峰。”

我顺着朋友所指的巅峰看过去，发现了几间房，问：“它是扶苏庙？”

有几个方士为秦始皇寻找长生不老之药，未果，都消失了。觅药不是服务，要花费大量钱财的。方士选择逃亡，是相信秦始皇属于刚戾贪婪的主，不能给这样的主工作。这便惹恼了秦始皇，并迁怒于整个儒生，坑杀了四百六十余。

扶苏是长子，忧患此举将引起反感，谏曰：“天下初定，远方黔首未集，诸生皆诵法孔子，今上皆重法绳之，臣恐天下不安。唯上察之。”长子的善意也让秦始皇气愤，便命扶苏至上郡，监督将军蒙恬。上郡大约包括今之陕西北部和内蒙古南部，是抵抗匈奴的前线。上郡的治所在绥州，今之陕西绥德一带。

秦始皇巡狩天下，到处刻石，颂扬自己的功德。其周游四方，也有成仙之求。他身体还硬朗，没有想到死。死往往是突然降临的。

公元前210年，他走到平原津，今之山东平原西南的黄河

石门关悬崖

渡口，觉得不适，实际上是病了。对秦始皇只能报喜，不能报忧，所以凡大臣没有谁敢讨论死的。不过病越来越重，已经临终了。他知道问题严峻，便赐书扶苏曰：“以兵属蒙恬，与丧会咸阳而葬。”以这样的遗嘱给长子，意味着扶苏是太子，祖龙驾崩，扶苏可以即皇帝位。

赵高任中车府令，兼行符玺令之务。他有鬼，遂压下了秦始皇所赐扶苏之书，以伺机而动。

秦始皇走到沙丘，今之河北广宗大平台村以南，挣扎了一下，就停止了呼吸。秦始皇的随行有三陪扈：少子胡亥、丞相李斯和赵高。李斯愁扶苏异动，也愁天下骚乱，主张秘不发丧，以尸巡狩。赵高有鬼，鬼在准备擅权。他曾经教胡亥判案断狱，基于此，他和胡亥感情颇近，也渐渐掌握了胡亥。他又对李斯分析，扶苏即皇帝位，必重用蒙恬，不仅你李斯丧位，而且祸及你李斯的子孙。李斯略一掂量，便向赵高屈服了。

赵高的剧本是：伪造秦始皇所给丞相李斯之诏，立胡亥为太子；伪造秦始皇赐扶苏之书，批评长子无功，有怨，不孝，让其以剑自杀；指责蒙恬不忠，令蒙恬向裨将王离交出兵权，命其自杀。胡亥和李斯同意赵高的剧本，戏就开演了。

赐扶苏之书，由胡亥的使臣送给扶苏。扶苏感觉困惑，难免怀疑，然而出于忠，还是自杀了。蒙恬不愿意随便自杀，使臣就呼吏卒囚禁了蒙恬。使臣回去汇报了情况，胡亥、李斯和赵高皆喜。

戏便继续：辒辌车载尸巡狩，走到了九原郡，今之内蒙古包头九原区一带。由此上秦直道，南下，返咸阳。一旦安全，立即发丧于朝野，宣布太子胡亥即皇帝位，为秦二世皇帝。

不愧是秦始皇，其生不走秦直道，死走之，非凡也！

秦二世无能，而赵高则用事。赵高惧蒙恬，不仅诛蒙恬之弟蒙毅，而且派使臣至阳周，今之陕西靖边杨桥畔镇一带，逼蒙恬自杀。无奈，蒙恬吞药而亡。

顷有陈胜反秦，随之天下反秦。赵高竟当了丞相，达到了擅权的目的。他逼秦二世自杀，以秦地缩小，称皇帝已经不宜，遂立子婴为秦王。子婴用计干掉了赵高，诛赵高三族，并在咸阳示众。厉害，可惜迟了。刘邦来了，子婴不得不白马素车，奉天子玺符投降。

秦始皇威风凛凛，不可一世，不料其子孙的结局竟是这样凄惨！

朋友说："扶苏庙虽然在高处，仍有路可以上。"

我说："不上了。"

看起来司马迁对扶苏颇有好感，他说："长子刚毅而武勇，信从而奋士。"世人受了司马迁的影响，对扶苏也产生了好感，而且同情他、推崇他，在石门关另一边的绝顶之上选坪造庙，以祭祀他。祭祀若以唐开始计，也有一千余年了，若以汉开始计，更有两千余年了。

对扶苏的好感，源于他规劝秦始皇不可坑杀儒生。实际上扶苏和秦始皇的目标是一致的，都要由始皇帝传之二世、三世，至于万世，只不过他们父子所传之路线不同而已。希望扶苏厚待儒生，怜悯或帮助黔首，也许会失望的。谁也不敢保证扶苏当了皇帝，将如何御民！关键是，扶苏的御民之术毕竟是由他的立场决定的。扶苏的性格和道德，对自己的御民之术仅有微调的作用。当然我也不反对祭祀扶苏，祭祀者自有祭祀者的道理，也有其权利，我怎么可以反对呢！我只是觉得，秦始皇和扶苏的血是一个脉，秦始皇恶劣，扶苏也善良不了多少。

秦直道在汉军征伐匈奴的日子显示了自己的价值。公元前127年，汉将军卫青从云中郡发兵，李息从代郡发兵，共奔高阙打匈奴，并西至符离，斩获匈奴数千，收复了黄河以南为匈奴所占之地，随之置朔方郡和五原郡。汉五原郡，就是在秦九原郡基础上所设。汉武帝还在公元前110年率军十八万骑，从甘泉宫一带兴师，向北，走秦直道，出长城，再向北，登单于台，威震匈奴。返甘泉宫，应该仍行秦直道。也许司马迁就跟着汉武帝，这样，他才有机会看到秦长城附近的亭障。

实际上自秦至唐，秦直道始终具备军事意义。这种交通路线，显然有利于发兵和巡狩。宋以后废弃了秦直道，是因为王朝从关中消失了。

峻嶒石壁千山绕，豁达双门一径开。

更有藤萝淹日月，岂无龙虎出蒿莱。

空中楼阁供奇玩，眼底风云起俊才。

闻说扶苏遗庙在，年年烟雨为谁哀。

阳光直射着石门关，也直射着我。当此之际，我仍默咏了刘羽的这一首诗。刘羽是 15 世纪的进士，其诗因袭了先贤的趣味和理念。

朗诵也罢，浅诵也罢，并不意味着认同它，或是接受它。

参考书目

1. 司马迁:《史记·周本纪第四》，中华书局 1985 年版。

2. 司马迁:《史记·秦始皇本纪第六》，中华书局 1985 年版。

3. 司马迁:《史记·项羽本纪第七》，中华书局 1985 年版。

4. 司马迁:《史记·高祖本纪第八》，中华书局 1985 年版。

5. 司马迁:《史记·魏世家第十四》，中华书局 1985 年版。

6. 司马迁:《史记·商君列传第八》，中华书局 1985 年版。

7. 司马迁:《史记·苏秦列传第九》，中华书局 1985 年版。

8. 司马迁:《史记·张仪列传第十》，中华书局 1985 年版。

9. 司马迁:《史记·孟尝君列传第十五》，中华书局 1985 年版。

10. 司马迁:《史记·魏公子列传第十七》,中华书局 1985 年版。

11. 司马迁:《史记·春申君列传第十八》,中华书局 1985 年版。

12. 司马迁:《史记·范雎蔡泽列传第十九》,中华书局 1985 年版。

13. 司马迁:《史记·滑稽列传第六十六》,中华书局 1985 年版。

14. 班固:《汉书·武帝纪第六》,中华书局 1996 年版。

15. 刘昫等撰:《旧唐书·列传第五十四高仙芝封常清哥舒翰》,中华书局 1997 年版。

16. 陈寿:《三国志·魏书十八许褚》,中华书局 1995 年版。

17. 顾金孝:《潼关历代战争纪事》,三秦出版社 2014 年版。

18. 史念海:《史念海全集·古代的关中》,人民出版社 2013 年版。

19. 史念海:《史念海全集·关中的历史军事地理》,人民出版社 2013 年版。

20. 史念海:《史念海全集·函谷关和新函谷关》,人民出版社 2013 年版。

21. 史念海:《史念海全集·秦始皇直道遗迹的探索》,人民出版社 2013 年版。

22. 史念海:《史念海全集·论西安周围诸河流量的变

化》，人民出版社 2013 年版。

23. 史念海：《史念海全集 · 唐代原州的木峡关和石门关》，人民出版社 2013 年版。

24. 史念海：《史念海全集 · 西安地区地形的历史演变》，人民出版社 2013 年版。

25. 司马迁：《史记 · 齐太公世家第二》，中华书局 1985 年版。

26. 司马迁：《史记 · 燕召公世家第四》，中华书局 1985 年版。

27. 司马迁：《史记 · 晋世家第九》，中华书局 1985 年版。

28. 司马迁：《史记 · 楚世家第十》，中华书局 1985 年版。

29. 司马迁：《史记 · 赵世家第十三》，中华书局 1985 年版。

30. 司马迁：《史记 · 魏世家第十四》，中华书局 1985 年版。

31. 司马迁：《史记 · 韩世家第十五》，中华书局 1985 年版。

32. 陇县地方志编纂委员会：《陇县志》，陕西人民出版社 1993 年版。

33. 张立主编：《铜川市志》，陕西师范大学出版社 1997 年版。

34. 中华民国三十年餐雪斋监制，蓝田国画院责任翻印：《续修蓝田志》。

35. 刘昫等撰：《旧唐书 · 列传第八十三李晟》，中华书局 1997 年版。

36. 毕沅撰，张沛点校：《关中胜迹图志》，三秦出版社2004年版。

37. 房玄龄等撰：《晋书·卷五·帝纪第五·孝愍帝》，中华书局1996年版。

38. 房玄龄等撰：《晋书·列传第六十八桓温》，中华书局1996年版。

39. 房玄龄等撰：《晋书·卷一百一·载记第一·刘元海》，中华书局1996年版。

40. 房玄龄等撰：《晋书·卷一百二·载记第二·刘聪》，中华书局1996年版。

41. 房玄龄等撰：《晋书·卷一百三·载记第三·刘曜》，中华书局1996年版。

42. 房玄龄等撰：《晋书·卷一百四·载记第四·石勒上》，中华书局1996年版。

43. 房玄龄等撰：《晋书·卷一百五·载记第五·石勒下》，中华书局1996年版。

44. 房玄龄等撰：《晋书·卷一百十三·载记第十三·苻坚上》，中华书局1996年版。

45. 房玄龄等撰：《晋书·卷一百十四·载记第十四·苻坚下》，中华书局1996年版。

46. 房玄龄等撰：《晋书·卷一百十六·载记第十六·姚苌》，中华书局1996年版。

47. 房玄龄等撰:《晋书·卷一百十七·载记第十七·姚兴上》，中华书局1996年版。

48. 房玄龄等撰:《晋书·卷一百十八·载记第十八·姚兴下》，中华书局1996年版。

49. 房玄龄等撰:《晋书·卷一百三十·载记第三十·赫连勃勃》，中华书局1996年版。

50. 沈约撰:《宋书·本纪第一·武帝刘裕上》，中华书局1996年版。

51. 沈约撰:《宋书·本纪第一·武帝中》，中华书局1996年版。

52. 沈约撰:《宋书·本纪第一·武帝下》，中华书局1996年版。

53. 李延寿撰:《北史·卷一·魏本纪第一》，中华书局1997年版。

54. 李延寿撰:《北史·卷五·魏本纪第五·孝武帝元修·西魏文帝元修·西魏恭帝元廓》，中华书局1997年版。

55. 李延寿撰:《南史·列传第四十七·沈约伯祖田子》，中华书局1997年版。

56. 令狐德棻等撰:《周书·卷一·帝纪第一·文帝宇文泰上》，中华书局1997年版。

57. 令狐德棻等撰:《周书·卷二·帝纪第二·文帝下》，中华书局1997年版。

58. 令狐德棻等撰：《周书·卷五·帝纪第五·武帝邕上》，中华书局 1997 年版。

59. 令狐德棻等撰：《周书·卷六·帝纪第六·武帝下》，中华书局 1997 年版。

60. 令狐德棻等撰：《周书·卷八·帝纪第八·静帝衍》，中华书局 1997 年版。

61. 令狐德棻等撰：《周书·卷九·列传第一·皇后·宣帝杨皇后》，中华书局 1997 年版。

62. 宋濂等撰：《元史·卷一·本纪第一·太祖铁木真》，中华书局 1995 年版。

63. 宋濂等撰：《元史·卷四·本纪第四·世祖忽必烈一》，中华书局 1995 年版。

64. 宋濂等撰：《元史·卷五·本纪第五·世祖二》，中华书局 1995 年版。

65. 宋濂等撰：《元史·卷六·本纪第六·世祖三》，中华书局 1995 年版。

66. 宋濂等撰：《元史·卷六十·志第十二·地理三·陕西等处行中书省书·奉元路》，中华书局 1995 年版。

67. 张廷玉等撰：《明史·卷一·本纪第一·太祖一》，中华书局 1997 年版。

68. 张廷玉等撰：《明史·卷二·本纪第二·太祖二》，中华书局 1997 年版。

69. 张廷玉等撰:《明史·卷三·本纪第三·太祖三》，中华书局 1997 年版。

70. 张廷玉等撰:《明史·卷四十·志第十八·地理三》，中华书局 1997 年版。

71. 赵尔巽等撰:《清史稿·卷六十三·志三十八·地理十·陕西·西安府》，中华书局 1996 年版。

72. 陈邦瞻:《宋史纪事本末》，中华书局 1977 年版。

73. 脱脱等撰:《宋史·列传第一百三十一·王庶》，中华书局 1977 年版。

74. 脱脱等撰:《宋史·列传第一百二十八·曲端》，中华书局 1977 年版。

75. 脱脱等撰:《宋史·列传第一百二十五·吴玠吴璘》，中华书局 1977 年版。

76. 脱脱等撰:《金史·本纪第一·世纪》，中华书局 1995 年版。

77. 脱脱等撰:《金史·本纪第二·太祖·阿骨打》，中华书局 1995 年版。

78. 脱脱等撰:《金史·列传第十·娄室》，中华书局 1995 年版。

79. 司马迁:《史记·李斯列传·第二十七》，中华书局 1985 年版。

80. 司马迁:《史记·蒙恬列传·第二十八》，中华书局

1985 年版。

81. 司马光编纂:《资治通鉴·卷第六·秦纪一》,岳麓书社 1990 年版。

82. 司马光编纂:《资治通鉴·卷第七·秦纪二》,岳麓书社 1990 年版。

83. 司马光编纂:《资治通鉴·卷第八·秦纪三》,岳麓书社 1990 年版。

84. 刘昫等撰:《旧唐书·列传第七十·郭子仪》,中华书局 1997 年版。

85. 刘昫等撰:《旧唐书·列传第一百四十六上·吐蕃上》,中华书局 1997 年版。

86. 刘昫等撰:《旧唐书·列传第一百四十六下·吐蕃下》,中华书局 1997 年版。

87. 刘昫等撰:《旧唐书·列传第一百四十四上·突厥上》,中华书局 1997 年版。

88. 刘昫等撰:《旧唐书·列传第一百四十四下·突厥下》,中华书局 1997 年版。

89. 司马迁:《史记·郦生陆贾列传·第三十七》,中华书局 1985 年版。

90. 司马迁:《史记·刘敬叔孙通列传·第三十九》,中华书局 1985 年版。

91. 班固:《汉书·张陈王周传·第十张良》,中华书局

1996 年版。

92. 王大华：《崛起与衰落——古代关中的历史变迁》，陕西人民出版社 1987 年版。

93. 佚名撰，张澍辑：《三辅旧事》，三秦出版社 2006 年版。

94. 王褒等撰，陈晓捷辑注：《关中佚志辑注》，三秦出版社 2006 年版。

95. 刘庆柱辑注：《三秦记辑注 · 关中记辑注》，三秦出版社 2006 年版。

96. 张焕良编著：《魅力函谷关》，国际炎黄文化出版社 2011 年版。

97. 张焕良编著：《〈道德经〉· 函谷关》，花山文艺出版社 2016 年版。

98. 吕克勇主编：《新安函谷关》，中州古籍出版社 2014 年版。

99. 宝鸡古大散关文化博物馆：《古大散关》。

100. 张效东：《蓝关古道考记》，蓝田县文体广电局主办《蓝田文化研究》，2018 年下卷。

101. 陕西军事历史地理概述编写组：《陕西军事历史地理概述》，陕西人民出版社 1985 年版。

102. 张传玺、杨济安：《中央广播电视大学中国古代史教学参考地图集》，北京大学出版社 1982 年版。

103. 史念海：《中国古都和文化》，中华书局 1989 年版。

104. 中华书局编辑部：《名城史话》，中华书局 1984 年版。

105. 西安市地方志馆、西安市档案局:《西安通览》，陕西人民出版社 1993 年版。

106. 何清谷:《三辅黄图校释》，中华书局 2006 年版。

107. 程大昌撰，黄永年点校:《雍録》，中华书局 2002 年版。

108. 赵岐等撰，张澍辑、张晓捷注:《三辅决录 · 三辅故事 · 三辅旧事》，三秦出版社 2006 年版。

109. 王褒等撰，陈晓捷辑注:《关中佚志辑注》，三秦出版社 2006 年版。

110. 葛洪撰，周天游校注:《西京杂记》，三秦出版社 2006 年版。

111. 骆天骧撰，黄永年点校:《类编长安志》，三秦出版社 2006 年版。

112. 辛德勇:《隋唐两京丛考》，三秦出版社 2006 年版。

113. 韦述、杜宝撰，辛德勇辑校:《两京新记辑校 · 大业杂记辑校》，三秦出版社 2006 年版。

114. 易华:《夷夏先后说》，民族出版社 2012 年版。

115. 舒其绅等修，严长明等纂，何炳武总校点，董健桥审校:《西安府志》，三秦出版社 2011 年版。

116. 足立喜六著，王双怀、淡懿诚、贾云译:《长安史迹研究》，三秦出版社 2003 年版。

117. 司马光编纂:《资治通鉴 · 卷第二百一十七 · 唐纪三十三》，岳麓书社 1990 年版。

118. 司马光编纂:《资治通鉴·卷第二百一十八·唐纪三十四》，岳麓书社 1990 年版。

119. 司马光编纂:《资治通鉴·卷第二百一十九·唐纪三十五》，岳麓书社 1990 年版。

120. 司马光编纂:《资治通鉴·卷第二百二十·唐纪三十六》，岳麓书社 1990 年版。

121. 司马光编纂:《资治通鉴·卷第二百二十一·唐纪三十七》，岳麓书社 1990 年版。

122. 司马光编纂:《资治通鉴·卷第二百二十二·唐纪三十八》，岳麓书社 1990 年版。

123. 司马光编纂:《资治通鉴·卷第二百九十·后周纪一》，岳麓书社 1990 年版。

124. 司马光编纂:《资治通鉴·卷第二百九十一·后周纪二》，岳麓书社 1990 年版。

125. 司马光编纂:《资治通鉴·卷第二百九十二·后周纪三》，岳麓书社 1990 年版。

126. 司马光编纂:《资治通鉴·卷第二百九十三·后周纪四》，岳麓书社 1990 年版。

127. 司马光编纂:《资治通鉴·卷第二百九十四·后周纪五》，岳麓书社 1990 年版。

后记

此书叙述长安的产生、变迁及王朝于斯的更迭，及不再以长安为国都之后，长安的存在方式和延续方式。此书还叙述关中在历史上的出现、盈缩及今之关中的范围、土壤、山脉、河流、茂林修竹、珍禽异兽及进出的通道和渡口。关中诸关，是此书的重点，凡诸关的地形、战事及今之风貌，皆欲曲尽其情。长安与关中的关系，也像风一样自由地在四塞游荡着，或劲或微，这要看关在何处。

我极其认真地对待此书，诸关一一考察，自 1991 年到 2019 年，有的走了一次，有的走了两次、三次或四次，是希望我能产生锋刃一般明亮和锐利的感受。只有感受当然是不够的，遂遍览资料，二十四史及种种笔记、方志和专著，榨取其精华，以为我所用。仅仅有知识当然也还不够，遂当问就问，当辨就辨，其动力是一种深远的探究。

我提供了一个书目，随便排列，只不过是证明我的叙述无一没有出处而已。不是学问，然而我下的功夫比做学问下的功夫要大。

我对陕西人民出版社深有感情，因为我的职业生涯是从这里开始的，更因为这里的编辑、设计及校对甚为谨重。这是一种难得优秀的传统，我曾经领受此传统，学习此传统，并一直推崇此传统。这里的营销工作也努力之至，且越来越好。

由衷感谢关宁女士，感谢韩琳女士！一经她们之手，此书必有荣幸。

2020 年 8 月 26 日，窄门堡